LAZOS DEL ALMA

LAZOS DEL ALMA

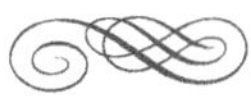

El lazo invisible en las relaciones interpersonales

DAVID CROSS

Ellel Ministries USA

El texto bíblico indicado con "DHH" ha sido tomado de La Biblia *Dios habla hoy* ®, © Sociedades Bíblicas Unidas, 1966, 1970, 1979, 1983, 1996.

El texto bíblico indicado con "NTV" ha sido tomado de la Santa Biblia, Nueva Traducción Viviente, © Tyndale House Foundation, 2010. Usado con permiso de Tyndale House Publishers, Inc., 351 Executive Dr., Carol Stream, IL 60188, Estados Unidos de América. Todos los derechos reservados.

El texto bíblico indicado con "LBLA" ha sido tomado de La Biblia de las Américas (LBLA) Copyright © 1986, 1995, 1997 by The Lockman Foundation.

El texto bíblico indicado con "NBLA" ha sido tomado de la Nueva Biblia de las Américas™ NBLA™ Copyright © 2005 por The Lockman Foundation.

El texto bíblico indicado con "RVC" ha sido tomado de La Biblia Reina Valera Contemporánea (RVC) Copyright © 2009, 2011 by Sociedades Bíblicas Unidas.

El texto bíblico indicado con "BLPH" ha sido tomado de La Biblia, La Palabra, (versión hispanoamericana) (BLPH) © 2010 Texto y Edición, Sociedad Bíblica de España.

Las cursivas en los versículos bíblicos son énfasis del autor.

ISBN 979-8-218-18210-6

Contenido

Prefacio

Estoy encantado que David haya escrito un relato tan claro y útil de un tema que es mucho más significativo de lo que la mayoría piensa.

En los primeros años de Ellel Ministries luchábamos mucho para ayudar a las personas a ser libres, en esa época no habíamos entendido completamente el poder que tienen los lazos espirituales pecaminosos para mantenerlas en esclavitud. Tan pronto como entendimos los principios básicos, fuimos capaces de guiarlas para que se arrepintieran de las relaciones pecaminosas que habían tenido y perdonaran a aquellos con los que estuvieron involucradas, fue entonces cuando vimos enormes avances en sus vidas.

Mi oración es que a medida que las personas lean este libro, vean las cosas bajo una nueva luz, ayudándoles a comprender los problemas de las relaciones interpersonales que han estado afectando sus vidas y luego puedan caminar hacia adelante con libertad, al descubrir que la aplicación de la verdad de la palabra de Dios realmente libera a la gente.

Peter Horrobin
Fundador de Ellel Ministries International

Introducción

¿Por qué el cuerpo de Cristo necesita un libro sobre los lazos del alma?

En el ministerio de sanidad hay claves poderosas para la libertad y la plenitud. De forma maravillosa, Dios nos ha llevado a encontrar y comprender estas claves, mediante la aplicación de ciertos principios del reino en la palabra de Dios, bajo la dirección del Espíritu Santo. Desde hace varios años, hemos estado compartiendo y enseñando lo que Dios nos ha mostrado en conferencias, retiros de sanidad y cursos de formación en todo el mundo. El deseo de nuestro corazón es compartir todo lo que hemos descubierto para que muchos más puedan encontrar la sanidad.

Uno de los principios más importantes del reino es el modo en que las relaciones incorrectas unen la vida de las personas a través de un lazo espiritual que puede causar daños emocionales e incluso físicos. Tal lazo ha sido llamado una atadura,[1] un lazo pecaminoso del alma que describe un control invisible sobre la vida de un individuo que puede apartarlo poderosamente del lugar de paz que

Dios desea para todos sus hijos. A medida que el equipo comenzó a comprender esto y a aplicar el remedio en las vidas de quienes pedían ayuda, comenzaron a ver una libertad y sanidad más efectiva y duradera.

La obra terminada y salvadora de Jesús en la cruz brinda la oportunidad de una restauración extraordinaria para la humanidad. Cada uno de nosotros tiene un destino en esta vida determinado por Dios, pero las heridas que no han sanado pueden robar la plenitud de su propósito para nosotros. Si no entendemos cómo hemos sido dañados en nuestras vidas y no entendemos las formas de restauración de Dios, esto puede ser una barrera para que nos apropiemos (aceptemos y recibamos) del perdón, la libertad y la sanidad de Dios.

La verdadera sanidad es una obra de la gracia de Dios, tal como él la dirige, y no de seguir alguna fórmula. Sin embargo, al comprender las causas fundamentales de lo que está mal en nosotros y cómo Jesús libera a los cautivos, estamos permitiendo que Dios tenga más oportunidades de sanarnos y usarnos, según su voluntad.

1 Para aclarar el uso particular de las palabras atadura, lazo y vínculo, en la versión en español, tenga en cuenta que el término atadura se refiere a un lazo del alma pecaminoso y el término vínculo se refiere a un lazo o una unión correcta, es decir, según la voluntad de Dios. (N. de las T.)

Atado al pasado

¡Atrapado por lo que es invisible!

EL MINISTERIO DE SANIDAD DE JESÚS

Mary era una cristiana madura en la fe que buscaba más de la sanidad de Dios en su vida. Mientras orábamos por ella, de repente recordó un incidente cuando tenía ocho años: un niño mayor que ella, se le acercó, le habló y la tocó de manera sexual. Ella estaba confundida y preocupada por lo que había sucedido. Era algo en lo que no había pensado durante muchos años, pero sabía que ahora el Señor le estaba trayendo esto a la mente para que pudiera sanarla.

Cuando Mary perdonó al niño por lo que le había hecho, se dio cuenta de la presencia espiritual del niño y también de lo sucia que ella se había sentido por lo que había sucedido. Le pedimos al Señor que la liberara del control espiritual invisible que el niño había tenido en su vida. Mientras Dios traía libertad y sanidad, Mary suspiró profundamente y nos dijo que la sensación de liberación de la contaminación de este niño era realmente extraordinaria. Comenzó a experimentar una sensación de limpieza completamente nueva en un nivel muy profundo. Mary, de hecho, estaba describiendo la realidad de un dominio espiritual que había ligado su vida a este niño durante cincuenta años. Pudo recibir la verdadera libertad a través de Jesús. Este libro trata sobre este tipo de dominios espirituales en las relaciones. Usaré la palabra lazo del alma para describirlos.

El proceso de recibir o apropiarse de la libertad y la plenitud que Jesús ha asegurado para cada uno de nosotros en la cruz es una aventura de revelación en desarrollo. Mientras caminamos con nuestro Señor, descubrimos cada vez más su pureza, pero también nos damos cuenta cada vez más, de cómo hemos quedado atrapados en las consecuencias de ser parte de este mundo caído y pecaminoso. Bajo la dirección del Espíritu Santo, debemos mirar más allá del simple mundo natural o físico que nos rodea y buscar comprender el significado de los reinos espirituales que gobiernan la vida de los seres humanos.

El hecho de que no podemos ver el ámbito espiritual con nuestros ojos físicos, no quiere decir que es menos real, ni menos relevante para nuestro bienestar, que aquello que realmente podemos ver y tocar. La esclavitud y la contaminación espiritual que se pueden establecer a partir de relaciones incorrectas, aunque permanezcan ocultas en lo profundo del corazón, pueden producir desorden en todo el cuerpo.

LOS ÁMBITOS VISIBLES E INVISIBLES

Cuando vemos que algo anda mal en las personas, a veces es más fácil asumir que es el resultado de lo que está sucediendo físicamente en sus vidas. Estuve en la India hace algunos años y nos pidieron que oráramos por un cristiano que tenía las piernas paralizadas. Parecía como si hubiera quedado discapacitado por los efectos de una caída o un accidente, pero no pudimos encontrar evidencia de una causa tan obvia.

Por supuesto, los traumas o los estilos de vida actuales pueden causar desorden físico, pero Jesús también nos anima a mirar más allá del entorno físico. Debemos discernir, espiritualmente, lo que podría estar sucediendo por las circunstancias de la vida. El cautiverio que Jesús ve en la humanidad no es el de un prisionero en la cárcel, sino el cautiverio que viene por medio del dominio de los reinos invisibles a través del pecado. La misión de Jesús es que ha venido a mostrarnos la realidad del encarcelamiento espiritual y a declarar libertad a los cautivos:

> *"Me ha enviado a proclamar libertad a los cautivos*
> *y dar vista a los ciegos, ..."*
>
> (Lucas 4:18, CST)

El paralítico que fue llevado a Jesús acostado en una camilla necesitaba, ante todo, recibir el perdón de sus pecados pasados, como lo aclaran las palabras de Jesús: "¡Ánimo, hijo; tus pecados quedan perdonados!" (Mateo 9:2, DHH). Su parálisis fue sanada una vez que se resolvió la esclavitud espiritual del pecado no perdonado. Los transeúntes pensaron que veían todo el problema en la incapacidad del hombre para caminar, pero Jesús sabía que era necesaria una libertad mucho más profunda antes de que pudiera tener una restauración completa en su vida.

Nos llenó de alegría descubrir que al cristiano de la India le pasaba lo mismo. Comenzó a confesar que recientemente había regresado a la adoración de ídolos en el templo hindú de su localidad. Cuando se arrepintió y recibió el perdón de Dios, fue completamente curado de la parálisis que estaba atando su cuerpo.

Después de arrestar a Jesús, Pilato lo interrogó, estaba tratando de averiguar si él realmente era un nuevo rey de los judíos y si era una amenaza para el gobierno romano. Jesús respondió diciendo que en verdad era un rey, pero no del reino que Pilato podía ver. Jesús explica que solo sus seguidores reconocerían realmente de qué estaba hablando:

> *"Mi reino no es de este mundo... Tú lo has dicho: soy rey... Y todos los que pertenecen a la verdad, me escuchan."*
>
> (Juan 18:36-37, DHH)

Pero ¿qué es este reino espiritual o invisible? Es un reino que solo nuestro espíritu humano puede discernir verdaderamente. Somos mucho más que seres físicos, somos únicos en la creación de Dios al ser hechos a su propia imagen. Jesús dice que vino a abrir ojos ciegos: esta ceguera no es solo la incapacidad de ver con nuestros ojos, sino la ceguera del espíritu humano. Dios es Espíritu y estamos hechos para ser seres espirituales fusionados con polvo físico para convertirnos en seres vivientes. En Génesis 2:7 leemos:

> *Luego el Señor Dios formó al hombre del polvo de la tierra. Sopló aliento de vida en la nariz del hombre, y el hombre se convirtió en un ser viviente.*
>
> (NTV)

Jesús le explicó a Pablo en el camino a Damasco que este ámbito espiritual puede ser un lugar oscuro para aquellos que tienen los ojos espirituales cerrados:

"Te envío a estos para que les abras los ojos y se conviertan de las tinieblas a la luz, y del poder de Satanás a Dios..."
(Hechos 26:17-18, CST)

Jesús dice que este ámbito es el dominio de Satanás. Sin embargo, cuando los creyentes siguen al Señor Jesús, los ojos de su espíritu humano se abren, lo que les permite comenzar a ver la luz maravillosa que es el reino de Dios. Uno de los aspectos importantes de los ámbitos espirituales es que están fuera de las restricciones normales de tiempo y lugar (aunque influyen claramente en nuestras vidas para bien o para mal).

Por ejemplo, la palabra de Dios dice que los padres deben criar a sus hijos en el amor y los mandamientos del Señor, dando así bendición a sus vidas. Lamentablemente, algunos padres no hacen esto y los niños están expuestos a maldiciones en lugar de bendiciones, y a esclavitud en lugar del desarrollo de relaciones interpersonales estrechas. La esclavitud espiritual establecida en una edad temprana puede estar activa hoy y solo Dios mismo, puede trascender el tiempo y liberarnos de sus efectos dañinos. Al considerar estos ámbitos invisibles, comenzamos a explorar cómo la humanidad ha sido sometida o atada, por la oscuridad espiritual y cómo Dios quiere darnos la libertad y la sanidad.

El incidente que contaminó a Mary, descrito al comienzo de este capítulo, había ocurrido cincuenta años atrás. Esta breve pero dañina relación, la mantuvo atada espiritualmente tanto al incidente como a la persona involucrada, hasta el día en que Dios lo reveló para guiarla a la libertad.

JESÚS SABE CÓMO HEMOS SIDO ATADOS

Hay una historia asombrosa en el capítulo 13 del evangelio de Lucas, nos dice que Jesús estaba enseñando en la sinagoga un día de reposo cuando una mujer, que estaba encorvada con la espalda dañada, se acercó para ser sanada. Jesús le habla con compasión y la libera de este severo control espiritual que había estado afectando todo su cuerpo durante dieciocho años:

> *y estaba allí una mujer que por causa de un demonio llevaba dieciocho años enferma. Andaba encorvada y de ningún modo podía enderezarse. Cuando Jesús la vio, la llamó y le dijo: "Mujer, quedas libre de tu enfermedad."*
>
> (Lucas 13:11-12, NVI)

En los versículos que siguen, encontramos que, como de costumbre, los líderes religiosos en la sinagoga están molestos con Jesús por sanar el sábado. Jesús los desafía diciendo que lo que está haciendo es algo que incluso ellos mismos harían por uno de sus animales, si se estuviera muriendo de sed. Explica que un burro, solo se puede llevar al agua, si primero se lo desata del lugar donde está atado. ¡Cuánto más importante, dice él, que esta mujer, una de las hijas de Dios, sea liberada de aquello que el enemigo usaba, para mantenerla atada, durante dieciocho años! Una vez que ella está desatada y espiritualmente libre, Jesús pone su mano sobre ella y su espalda es sanada milagrosamente del desorden físico.

¡Qué descripción tan hermosamente simple, pero muy importante, del ministerio de sanidad de Jesús! Él desata las cosas invisibles, en nuestras vidas, que nos mantienen cautivos espiritualmente, y entonces somos libres para recibir su restauración para todo nuestro ser: espíritu, alma y cuerpo. A lo largo de las Escrituras, vemos que el carácter de Dios es atraer a su pueblo bajo su cobertura y protección espiritual. Por ejemplo, en el Salmo 91:4 leemos:

pues te cubrirá con sus plumas
y bajo sus alas hallarás refugio...
(NVI)

A lo largo de la vida, nos vemos constantemente afectados por el mundo que nos rodea, particularmente en el área de las relaciones, con todo el pecado de la humanidad (incluyendo nuestro propio pecado). Para nosotros, el pecado y la desobediencia de la humanidad, significa que muchas veces hemos estado fuera del lugar de protección previsto por Dios para nuestras vidas. El profeta Isaías reconoce que el resultado es "una separación entre tú y tu Dios" (Isaías 59:2). Esto nos deja vulnerables al enemigo, el "príncipe de este mundo", como Jesús lo llama, que busca cualquier oportunidad para controlar nuestras vidas. Como cristianos, necesitamos estar atentos:

No le den oportunidad al diablo.
(Efesios 4:27, DHH)

¡Estén alerta! Cuídense de su gran enemigo, el diablo, porque anda al acecho como un león rugiente, buscando a quién devorar.
(1 Pedro 5:8 NTV)

En la historia del capítulo 13 del evangelio de Lucas, que describe a la mujer con la condición de espalda, no sabemos cómo el enemigo tuvo acceso a su vida dieciocho años antes. Cualquiera que fuera la causa, ella estaba espiritualmente atada al evento a tal punto, que estaba afectando severamente su cuerpo físico. Mientras estaba de pie frente a Jesús, la opresión espiritual que la retenía por dentro se reflejaba en la condición física de su columna deformada.

Hace algunos años, en una conferencia celebrada por Ellel Ministries en Europa Central, vimos cómo el Señor sanaba a una enorme cantidad de personas de problemas físicos en la espalda. Estas personas vivían en un país que había sido gobernado por un régimen muy opresivo durante muchos años. Dios los convenció del pecado de amargura hacia sus antiguos gobernantes y les mostró que el daño físico que estaban sufriendo, se debía a actitudes no resueltas del corazón. La Biblia a menudo describe el gobierno opresivo, por parte de los que tienen autoridad, como un yugo dañino sobre la espalda de la gente, un yugo que las agobia y distorsiona sus vidas. Por ejemplo, el pueblo de Israel, que sufría el dominio opresivo del rey Roboán, gritó:

> *"Su padre nos impuso un yugo pesado. Alívienos usted ahora el duro trabajo y el pesado yugo que él nos echó encima; así serviremos a Su Majestad."*
>
> (2 Crónicas 10:4, NVI)

A medida que la gente de la conferencia perdonó a quienes los habían gobernado con dureza, Dios los liberó del control espiritual, que era ejercido a través de esos gobernantes, lo cual les había provocado dolor físico.

Hay muchas formas en las que podemos encontrarnos atados y apartados de lo mejor que Dios tiene para nosotros. Hoy podemos vernos afectados por problemas no resueltos, incluidas las relaciones incorrectas del pasado. Un simple ejemplo de esto sería encontrarnos repentinamente abrumados por el miedo, ante la mención del nombre de alguien a quien no hemos visto en años. A veces nuestras emociones parecen estar atrapadas en eventos y relaciones pasadas, de una manera tan fuerte, que nuestras inesperadas reacciones nos sorprenden.

LAZOS INVISIBLES

Para nosotros es difícil comprender completamente el misterio de los ámbitos espirituales y cómo éstos nos afectan. Jesús usa términos como "cautiverio", "encarcelamiento", "ceguera" y "oscuridad" para ayudarnos a ser conscientes del efecto de la esclavitud espiritual y del daño que produce en nuestras vidas. Para los críticos en la sinagoga, durante la curación de la mujer con el problema en la espalda, Jesús usa la imagen de un animal luchando por liberarse del lazo que lo ata; está desesperado por agua que le dé vida, pero no puede beber y por lo tanto no puede ser restaurado. Jesús se describe a sí mismo como aquel que viene a soltar las cuerdas que han sido puestas y también como aquel que puede dar el agua vivificante que se necesita.

Cuando una trucha da un mordisco imprudente a un anzuelo con carnada de gusano, es imposible para el pez ver la cuerda que lo ata al pescador, pero seguirá sintiendo la restricción incapacitante hasta el final de su corta vida. La única esperanza sería que alguien amable, se tomara el tiempo de detener al pescador, tomar con cuidado al pez para quitarle el anzuelo y soltarlo del hambriento cazador. Aunque el sedal y el anzuelo son muy reales, el pez no los ve, solo ve el gusano. Del mismo modo, ¡qué bien disfraza el enemigo las estrategias por medio de las que se apodera de nuestras vidas! Debemos aprender a discernir la línea y los anzuelos del enemigo y, si nos atrapan, aprender más de aquel que puede darnos la libertad.

Muchas cosas pueden mantenernos atados espiritualmente: traumas incapacitantes, creencias erróneas, comportamientos erróneos, relaciones erróneas. Este libro se ocupa particularmente de los efectos de las relaciones incorrectas, las que elegimos y, de hecho, las que no elegimos. La vida se trata de relaciones, muchas de las cuales son buenas, pero muchas también, son dañinas.

Cuando nos damos cuenta de que las relaciones son más que un simple encuentro físico de dos personas, comenzamos a comprender que algunas de nuestras relaciones podrían estar afectado nuestras vidas de manera negativa. Es posible que nos encontremos atados y dañados, en un lugar de esclavitud del que Dios quiere liberarnos. Una forma de describir este dominio invisible que nos ata a las malas relaciones es un lazo del alma pecaminoso o impío.[2] Es un lazo en el ámbito espiritual que tiene un control sobre el alma. Más adelante en este libro examinaremos más de cerca la naturaleza de nuestra alma.

La buena noticia de Jesús es que su muerte en la cruz ha traído libertad a los que están espiritualmente cautivos, como lo anunció justo al comienzo de su ministerio:

> *"por cuanto me ha ungido para anunciar buenas nuevas a los pobres. Me ha enviado a proclamar libertad a los cautivos ..."*
>
> (Lucas 4:18, NVI)

No todos los lazos del alma son malos. De hecho, tenemos relaciones con innumerables personas a lo largo de nuestras vidas y muchas de ellas son buenas y edificantes para nosotros. El vínculo espiritual profundo que existe entre un esposo y su esposa en un matrimonio piadoso es precisamente lo que Dios quiso, un lugar se-guro en el cual él los puede proteger y les puede proveer; describiré esto como un *lazo espiritual piadoso.*[3] Cuando Jesús desafía la visión del mundo sobre el divorcio, nos recuerda la naturaleza espiritual especialmente profunda que el vínculo matrimonial tiene, ya que él describe el matrimonio como una unión con Dios (Mateo 19:6).

En los siguientes capítulos estudiaremos los lazos del alma píos e impíos y cómo se establecen. Examinaremos cómo los lazos impíos pueden dañarnos y cómo podemos encontrar la libertad de estos lazos que nos impiden alcanzar la plenitud de nuestra relación con Jesús.

RESUMEN

Las cosas que detienen a alguien de vivir la libertad y la plenitud no son solo las circunstancias actuales obvias, sino las consecuencias espirituales de todo lo que ha sucedido en la vida de esa persona. Jesús deja en claro que podemos estar atados. Solo podemos recibir la vida y la plenitud en Jesús, si dejamos que él nos desate de todas las ataduras espirituales.

Las personas pueden quedar atrapadas por situaciones de la vida que están fuera de la cobertura y protección de Dios, a través de la desobediencia a las instrucciones que Dios les ha dado desde el principio de la creación. Cada uno de nosotros ha vivido una vida que ha sido parte de este mundo rebelde y, a través de nuestro propio pecado o del pecado de los demás, podemos estar atados espiritualmente en maneras que le han dado un lugar al enemigo en nuestras vidas.

Es muy importante reconocer que en nuestra vida hemos tenido muchas relaciones con otras personas, algunas de las cuales fueron buenas y otras no tanto, no como Dios quiso. En el próximo capítulo, exploraremos el tema de estos lazos interpersonales.

2 *El termino impío se refiere a la actitud o comportamiento que no respeta, ni obedece a Dios. Que está en contra de la voluntad de Dios. Es pecaminoso, inmoral y malo. (N. de las T.)*

3 *El término pío se refiere a la actitud o comportamiento que respeta y obedece a Dios. Que es según la voluntad de Dios. Que es bueno. (N. de las T.)*

2

Atado por las relaciones, pasadas y presentes

De algunas personas es difícil liberarse

¿QUÉ ES UNA RELACIÓN?

Una relación es el modo en que interactuamos con Dios y con nuestros semejantes. Dios nos hizo para ser personas relacionales; incluso en la estrecha caminata que Adán tuvo con Dios, antes de la Caída, su Padre celestial supo que no era bueno para él estar solo:

Luego Dios el Señor dijo: «No es bueno que el hombre esté solo. Voy a hacerle una ayuda adecuada».

(Génesis 2:18, NVI)

En las relaciones, podemos usar todos nuestros sentidos físicos: al hablar, oír, tocar, oler e incluso saborear, como cuando un bebé se une a la madre al alimentarse del pecho. Nos relacionamos también a través de nuestras emociones, cuando la risa o las lágrimas expresan a los demás lo que estamos sintiendo por dentro. A muchos hombres a los que se les ha enseñado a no expresar sus emociones, les sorprende que, al hacerlo, esto genera unidad entre ellos, en vez de aislarlos. Jesús, en su condición humana, demostraba su alegría y su tristeza a quienes lo rodeaban; caminó en la tierra plenamente como Dios, pero también plenamente como hombre. Las relaciones piadosas involucran todos los sentidos y las emociones.

Es más que esto, en realidad somos seres muy complejos que existen tanto en el ámbito físico como en el espiritual. Nuestra vía de comunicación con Dios es a través de nuestro espíritu humano. Jesús nos dice que la verdadera adoración debe involucrar nuestro espíritu. En su conversación con la mujer junto al pozo, dijo:

> *"Dios es espíritu, y quienes lo adoran deben hacerlo en espíritu y en verdad."*
>
> (Juan 4:24, NVI)

De hecho, nuestro espíritu humano está involucrado en todos los aspectos de nuestras vidas y eso es cierto para todas las relaciones humanas. Pablo señala esta verdad en 1 Corintios 2:11:

> *En efecto, ¿quién conoce los pensamientos del ser humano sino su propio espíritu que está en él? Así mismo, nadie conoce los pensamientos de Dios sino el Espíritu de Dios.*
>
> (NVI)

NIVELES EN LAS RELACIONES

La naturaleza de las relaciones puede cubrir una amplia gama de posibilidades. Puede implicar desde el simple hecho de darle la mano a alguien hasta tener relaciones sexuales, en el nivel más íntimo. Cada parte de nosotros está involucrada en estas relaciones, pero, por supuesto, en diferentes grados. Esta interacción con los demás incluirá nuestro cuerpo, mente, emociones, espíritu humano y, de hecho, nuestra voluntad, ya que elegimos con quién deseamos relacionarnos y también los límites de esa relación. Dios nos ha dado entendimiento en su palabra de la importancia vital de estos límites correctos.

En el matrimonio, por ejemplo, Dios quiso que se dé el nivel más profundo de las relaciones, compartiendo cada parte de nuestro ser con la otra persona:

> *Por eso el hombre deja a su padre y a su madre, y se une a su mujer, y los dos se funden en un solo ser.*
>
> (Génesis 2:24, NVI)

La relación madura a lo largo de la vida de la pareja volviéndose menos física y emocional hacia una unión más espiritual. Dios planeó que los cónyuges se entreguen el uno al otro de la manera más íntima. Este nivel de entrega es un lugar vulnerable y necesita la protección especial que él proveyó y ordenó a través del pacto del matrimonio.

Físicamente, no puedo tocar la parte donde están mis pensamientos, mis emociones y donde tomo mis decisiones (mi voluntad), pero es un área fundamental para dirigir mis relaciones y actividades. Esta parte es mi alma. Comprende mi personalidad y es el lugar de encuentro de los ámbitos físico y espiritual. Mi alma participa activamente en cada relación humana, conectándose con las almas de aquellos con quienes estoy interactuando. Por supuesto, esta interacción es buena o mala para mí y, como veremos más adelante, el efecto en mi alma puede ser profundo y duradero.

Incluso la jerga común reconoce que las relaciones son mucho más que solo interacciones físicas: los amigos a veces se describen como "almas gemelas" o como "de una misma opinión". Esto puede ser útil o inútil para los involucrados, dependiendo de la naturaleza de la relación. La Biblia habla de aspectos muy profundos de las relaciones. Los escritores de las cartas a la Iglesia primitiva animan a los creyentes a comprometerse entre sí, en la nueva unidad que viene a través del señorío de Jesús. Por ejemplo, en Filipenses 2:2, Pablo escribe:

llénenme de alegría teniendo un mismo parecer, un mismo amor, unidos en alma y pensamiento.

(NVI)

Un desafío importante para el cuerpo de Cristo es la necesidad de desarrollar la unidad espiritual en el carácter de Jesús, que fue un sello maravilloso de la Iglesia primitiva: *"Día tras día [ellos] continuaban unánimes en el templo...* "(Hechos 2:46 LBLA).

Otra frase que se usa comúnmente para denotar un vínculo invisible pero fuerte entre dos personas es describirlas como aquellos que tienen "espíritus afines". Cuando este término se usa sobre personas, implica que hay algo que las atrae a creencias o comportamientos similares, algo invisible que las dirige a pensar de la misma manera. Pablo usa la frase para referirse a su relación con Timoteo. Pablo puede confiar que Timoteo pensará y actuará con la misma motivación con la que él lo hubiera hecho:

Pues a nadie más tengo del mismo sentir mío y que esté sinceramente interesado en vuestro bienestar.

(Filipenses 2:20 LBLA)

En este ejemplo, la atracción de tener un mismo sentir es una motivación buena provocada por el Espíritu de Cristo en la relación de Pablo y Timoteo. Sin embargo, a continuación, veremos cómo un lazo espiritual tan estrecho puede estar lejos de ser piadoso. Un ejemplo de esto serían aquellos individuos que están involucrados en el uso de drogas o la perversión sexual: si eligen cambiar este estilo de vida, a menudo se les dificulta separarse de los demás miembros del grupo. Es como una especie de "familia" que no los deja ir.

Las relaciones pueden tocarnos de manera superficial o muy profundamente. Conocer a alguien y estrecharle la mano es de hecho una relación, pero no una que pueda afectarnos significativamente. Sin embargo, si esa persona fuera nuestro médico y, mientras nos estrechaba la mano, nos advirtiera con severidad que toda la familia tiene antecedentes de muerte prematura y que deberíamos esperar lo mismo, es posible que el encuentro nos afecte profundamente. De hecho, es muy posible que quedemos aterrorizados por sus palabras y por la autoridad con la cual vinieron. Es probable que este encuentro con el doctor afecte negativamente nuestros pensamientos, emociones e incluso nuestras decisiones. De repente, lo que parecía una relación sin mayor importancia tiene consecuencias duraderas.

CONTROL EN LA RELACIÓN

Un principio espiritual en las relaciones es que aquellos que tienen un lugar de autoridad sobre nosotros tienen la mayor oportunidad para edificarnos o derribarnos. Por eso la relación que hemos tenido con nuestros padres es tan importante en nuestras vidas. Dios proveyó la familia como el ambiente en el cual los niños, mediante la crianza de sus padres, crecen y maduran física, emocional y espiritualmente; la madre y el padre están destinados a proporcionar alimento y protección, tanto físico como espiritual.

Desde el momento de la concepción hasta la edad adulta, el

control legítimo de los padres sobre la vida de los hijos debe cambiar gradualmente de un control que sea muy íntimo y fuerte a uno que permita completa libertad, particularmente al llegar al momento de su matrimonio.

El amor de los padres por sus hijos nunca debe disminuir. Pero el control de los padres sobre los hijos debe disminuir en el momento adecuado hasta llegar a un punto en el que se les dé total libertad para elegir y así aprender de sus propios errores. El control pecaminoso es una herramienta poderosa en manos del enemigo para mantener a dos personas atadas en una relación dañina. Este control impío puede infiltrarse en cualquier momento que se le dé un lugar de autoridad a alguien y que lo use de un modo incorrecto. Profundizaremos sobre este tema más adelante.

Hace algún tiempo, estábamos orando con Emma, quien a menudo se confundía al pensar en el futuro. Dios le recordó que poco después de convertirse al cristianismo, visitó una feria de pueblo y pasó unos minutos en la tienda de un adivino. Sin entender, Emma había recibido con entusiasmo sus palabras describiendo su vida futura, y no pensó más en eso hasta que Dios le recordó el evento. Esta relación con el adivino difícilmente parecía haber sido significativa, pero el efecto en su vida se hizo visible, al estar bajo el control y el poder de sus pronunciamientos ocultos. Cuando Emma le confesó su pecado, por ignorancia, a Dios y recibió liberación del control espiritual que el adivino y sus palabras estaban ejerciendo sobre su pensamiento, supo que Dios le había dado un nuevo lugar de libertad. Recuerdo sus palabras: "Es como si me hubieran quitado una bolsa de papel de la cabeza; todo parece mucho más claro ahora".

En esta situación, era evidente que gran parte de la confusión que Emma tenía, se había establecido por poner su mente bajo el control de alguien que practicaba, lo que la Biblia llama adivinación. Esto fue así, a pesar de que el incidente ocurrió una sola vez hace muchos años y que Emma había ignorado sus implicaciones espirituales. En el próximo capítulo, analizaremos detalladamente la siguiente afirmación: cuando nos sometemos a la autoridad de alguien, damos oportunidad de que nuestras vidas sean gobernadas, no solo física o emocionalmente, sino también espiritualmente.

Al considerar cómo las relaciones nos pueden afectar, debemos mirar el carácter y la profundidad de las relaciones, en lugar de su duración. Hay relaciones prolongadas que son bastante superficiales y no tienen un efecto real en nuestras vidas. Mientras que, un breve encuentro con alguien, en una circunstancia pecaminosa, en la cual quedamos expuestos y vulnerables, puede tener un efecto duradero y muy dañino en nosotros, incluso si pasó hace mucho tiempo y ya lo hemos olvidado.

LOS EFECTOS DURADEROS DE LAS RELACIONES

A medida que exploramos el significado de las relaciones, pasadas y presentes, descubrimos cómo estas pueden impedirnos la plenitud de nuestro caminar con Jesús. La mayoría de los cristianos están tratando de vivir vidas piadosas día a día, pero muchos descubren que realmente no han podido dejar atrás el pasado, especialmente en el área de las relaciones. Mientras ministramos a las personas en los centros de Ellel, con frecuencia escuchamos comentarios como estos:

> "No puedo sacarme a mi antigua novia de la mente."
> "Incluso a mi edad, no puedo tomar una decisión sin la opinión de mamá."
> "Cuando pienso en ese hombre, empiezo a entrar en pánico."

"Odio cuando todos dicen que soy la imagen de mi abuelo."

"Sus palabras todavía me persiguen."

"Todavía me atraen las mismas personas y sé que no son buenas para mí."

Muy a menudo, las palabras que pronuncia la gente revelan algo que los mantiene en algún tipo de esclavitud. La lista anterior nos muestra que las relaciones pasadas todavía pueden tener un efecto perturbador en el presente. De hecho, Jesús nos enseña que podemos discernir lo que está pasando en el corazón de alguien tomando nota de las palabras que pronuncia:

"De la abundancia del corazón habla la boca."

(Mateo 12:34b, NVI)

Probablemente una de las formas más comunes de reconocer que una relación del presente, o del pasado, nos mantiene en algún tipo de esclavitud espiritual es a través del tema del miedo. Cuando las personas reconocen que le temen a alguien, es una señal segura de que hay un lazo impío con el que hay que lidiar. Dios quiso que la emoción del miedo nos advirtiera del peligro, no que fuera algo que constantemente llevamos dentro de nosotros, controlando nuestras vidas.

UNA RELACIÓN PÍA ESTÁ BASADA EN EL LIBRE ALBEDRÍO

El libre albedrío es un regalo que Dios nos dio en la creación. ¿Por qué Dios dio el libre albedrío a los seres humanos, cuando sabía que íbamos a ser desobedientes? La verdad es que, sin libre albedrío, no vale la pena tener una relación. Dios ha determinado que él será nuestro Padre y nosotros seremos sus hijos. Puedo recordar el inmenso placer de mi hijo pequeño viniendo hacia mí y queriendo pasar tiempo conmigo solo porque quería estar con papá. Le daba algún trabajo para que pudiera aprender de mí, pero sobre todo para que pudiéramos compartir el placer de estar juntos.

Si hubiera obligado a mi hijo a pasar el día conmigo, no hubiéramos tenido una relación real ni placentera. Así, empiezo a entender que cuando elegimos responder a nuestro Padre celestial, simplemente se deleita en nuestro deseo de caminar con él. ¡Los robots serían amigos muy aburridos! A pesar de cómo se ven representados en los personajes de las películas como *Star Wars*.

Dios ha creado un universo magnífico con maravillosas leyes espirituales y físicas que sustentan todo el orden de su creación. El libre albedrío ordenado para el hombre está en el corazón de sus propósitos, a fin de que podamos elegir seguir sus mandamientos, llevar mucho fruto y declarar su carácter y gloria en este mundo que nos rodea. En el momento de la creación del hombre y la mujer, Dios los bendijo y les dijo que fueran fructíferos. En Juan 15:16 Jesús afirmó este propósito para nosotros:

> *"Yo los elegí a ustedes. Les encargué que vayan y produzcan frutos duraderos ..."*
>
> (NTV)

¡Pero tenemos la opción de decir que no!

Dios nos invita a obedecer sus mandamientos, pero al hacerlo, deja muy claras las consecuencias de nuestras decisiones. De hecho, como Moisés explicó al pueblo de Israel, es una elección entre la vida y la muerte:

> *"Hoy te doy a elegir entre la vida y la muerte, entre el bien y*

el mal. Hoy te ordeno que ames al Señor tu Dios, que andes en sus caminos..."

(Deuteronomio 30:15-16, NVI)

La interacción de las relaciones piadosas siempre se basa en el libre albedrío. Por supuesto, los niños pequeños necesitan experimentar cierto control por parte de los padres mientras aprenden las consecuencias de tomar decisiones. Poco a poco necesitan ser liberados de este control parental mientras se preparan para aventurarse en la vida y tomar sus propias decisiones. Jesús nunca controló a sus seguidores. Siempre eran libres de dejarlo si así lo deseaban. Muchos lo hicieron cuando su enseñanza se volvió demasiado difícil para ellos. Los doce decidieron quedarse, pero Jesús incluso les ofreció la oportunidad de irse:

Entonces Jesús dijo a los doce discípulos: "¿Acaso también ustedes quieren irse?"

(Juan 6:67 NBLA)

Jesús también tuvo la libertad de elegir obedecer las instrucciones de su Padre; eligió el camino doloroso de la crucifixión a través del amor, y no de la fuerza:

"Por eso me ama el Padre: porque entrego mi vida para volver a recibirla. Nadie me la arrebata, sino que yo la entrego por mi propia voluntad..."

(Juan 10: 17-18, NVI)

El imponente principio del libre albedrío está en el centro del corazón de la Deidad. Cualquier relación que anule este principio entra en un ámbito de oscuridad espiritual, estableciendo esclavitud y desorden. El control puede tomar muchos formatos, desde la dominación evidente hasta la manipulación sutil. Incluso podemos usar las emociones para controlar a otro individuo jugando con su compasión, su culpa o sus miedos, a través de lo que a menudo se conoce como chantaje emocional.

Independientemente del modo en que te guste esconderlo, el control es impío y ejerce un dominio espiritual de una persona sobre otra, afectando la voluntad del que está siendo controlado. Esto puede continuar mucho más allá del momento real en el cual se dio la relación, distorsionando la capacidad del individuo para tomar decisiones libremente, hasta el día de hoy.

Cuando el control se practica en maneras en las que comienza a usar poder espiritual pecaminoso, estamos entrando en una forma de brujería que se exhibió en la famosa historia de Jezabel, quien usurpó la autoridad de su débil esposo Acab y ejerció un poderoso control sobre quienes la rodeaban. Jehú, quien fue designado por Dios para ejecutar su juicio sobre esta familia impía, exclamó al hijo de Jezabel: *"¿Cómo puede haber paz mientras haya tantas idolatrías y hechicerías de tu madre Jezabel?"* (2 Reyes 9:22, NVI). Estar sujetos a este nivel de control ciertamente nos une fuertemente al perpetrador.

La brujería es un ejemplo extremo de cómo una persona está atada por el control espiritual de otra, pero en realidad ilustra el poderoso control que es posible ejercer a través del abuso severo en una relación. Consideremos otras formas en las que las relaciones pueden mantenernos esclavizados.

ATADO POR UN MIEDO EQUIVOCADO

El miedo es una emoción extraordinaria que Dios nos ha dado para advertirnos del peligro y motivarnos a buscar seguridad. Se menciona por primera vez en la Biblia cuando Adán reconoció que estaba espiritualmente expuesto a través de su desobediencia y descubrió la emoción del miedo:

El hombre contestó: "Escuché que andabas por el jardín, y tuve miedo porque estoy desnudo. Por eso me escondí."

(Génesis 3:10, NVI)

Él y Eva trataron de cubrirse con hojas, pero solo la provisión de pieles de animales por parte de Dios les trajo protección real. El miedo no es algo que debamos experimentar continuamente; deberíamos volver a estar en paz, una vez que se haya resuelto el peligro y se haya restablecido la protección.

Sin embargo, algunas relaciones que están fuera de los límites dados por Dios pueden causar miedo constante en una de las partes. La intimidación es el control a través del miedo, muchos han experimentado este tipo de control en sus vidas, especialmente a través de alguien que ha tenido autoridad sobre ellos. Algunas personas han tenido padres duros, manipuladores o abusivos que han controlado a la familia a través del miedo. Cuando son niños pequeños, es posible que no se den cuenta de que esto es pecaminoso y pueden pensar que es normal. A veces no es hasta más tarde en la vida que se dan cuenta del control tan fuerte que ejerce la relación paterna o materna intimidante, y cómo todavía puede estar afectando sus pensamientos y decisiones en la actualidad.

Dios nunca quiso que tuviéramos miedo de alguien, lo cual es muy perjudicial para nuestro bienestar físico y emocional. Si hay alguien del pasado que nos controló de algún modo a través del miedo, el control de esta persona aún puede permanecer. Si no hemos llevado esta relación al Señor y no hemos orado para ser liberados, el lazo invisible que nos une a ellos será un lugar de tinieblas que solo Jesús puede devolver a la luz.

Las Escrituras describen este control espiritual del enemigo, a través de relaciones incorrectas, de varias maneras, explicando cómo pueden atraparnos. Una ilustración dada es la de una trampa que atrapa a un animal desprevenido. Una soga colocada sobre un agujero en una cerca es un procedimiento muy efectivo para atrapar a un conejo que pasa y la trampa se vuelve cada vez más apretada a medida que el animal se retuerce. Del mismo modo, dice Proverbios 29:25, *"Temer a los hombres resulta una trampa"*. El escape, cuando nos hemos visto atrapados por el miedo de alguien, solo puede provenir de una mano amiga. ¡Alabado sea Dios por la mano salvadora del Señor Jesús!

El miedo siempre ha sido una forma de ejercer control sobre la vida de otro. En un extremo, nos encontramos con terroristas que buscan retener a naciones enteras llevando a cabo actos violentos y amenazando con más atrocidades. El reino de las tinieblas gobierna a través del miedo. El objetivo del enemigo es mantener el control sobre la voluntad de las personas por medio de diversos métodos para sembrar miedo. Vale la pena que consideres esto por un momento: ¿estás demasiado familiarizado con miedos inconscientes, particularmente con respecto a una relación? Un modo de reconocer que el miedo a cierta persona puede estar manteniéndote en cautiverio es cuando de tu boca salen palabras reveladoras.

"Lo que sea por una vida tranquila" parece una frase tan inocente. Mientras hablaba con Patrick sobre su relación con su esposa, se hizo cada vez más evidente a partir de estas palabras, que usaba con frecuencia, que, en su corazón, siempre había estado aterrorizado por los estados de ánimo inciertos de su esposa. Estos estados de ánimo tuvieron un efecto devastador en la familia, especialmente en los niños. Se hizo evidente para él, que estaba atado a una vida de caminar de puntillas alrededor de su esposa, y diariamente estaba siendo controlado por una atmósfera tácita debido a sus miedos profundamente arraigados. Patrick amaba a su esposa y gran parte de su relación era buena, pero este control era un lazo impío entre ellos.

ATADO POR UN ACUERDO EQUIVOCADO

Un acuerdo entre dos o más personas es una fuerza poderosa para bien o para mal. Hay un principio espiritual, declarado en las Escrituras, por el cual un acuerdo piadoso entre las personas realmente trae los propósitos de Dios:

> *"Además les digo que, si dos de ustedes en la tierra se ponen de acuerdo sobre cualquier cosa que pidan, les será concedida por mi Padre que está en el cielo."*

(Mateo 18:19, NVI)

El Salmo 133 nos recuerda que la unción espiritual de Dios está sobre aquellos que están en amorosa unidad:

> *¡Cuán bueno y cuán agradable*
> *es que los hermanos convivan en armonía!*
> *Es como el buen aceite que, desde la cabeza...*
> *Donde se da esta armonía, el Señor concede bendición y vida*
> *eterna.*

(NVI)

Lamentablemente, un acuerdo impío también es muy poderoso. A esto a veces se le llama una "conspiración" y mantiene a los participantes en una unión fuerte, pero es un lazo de oscuridad espiritual. Cuando las personas han hecho pactos o votos equivocados juntos, están atadas de manera extremadamente dañina. Las sociedades secretas, las hermandades especiales y los rituales establecen poderosos controles sobre los participantes, no solo por las palabras dichas, sino por el control espiritual establecido en tales grupos.

Las Escrituras nos animan a estar en correcta sumisión a los demás en nuestras relaciones; de hecho, solo dando algo de nosotros mismos se desarrolla una verdadera relación. *En Efesios 5:21*, Pablo nos exhorta *"Sométanse unos a otros en el temor (la reverencia) de Cristo."* (NBLA) En esta escritura, el "temor de Cristo" significa estar rendido a su autoridad espiritual. Es muy importante que el sometimiento o dar de nosotros mismos en una relación, se lleve a cabo en un entorno espiritual, verdaderamente seguro, y no a través de ningún tipo de presión sobre nosotros para ser parte de un grupo.

La presión de grupo es especialmente fuerte en los jóvenes, están muy interesados en pertenecer al grupo y no parecer diferentes. Como resultado, pueden terminar uniéndose en actos ilegales, consumo de drogas, actividades de alto riesgo y promiscuidad sexual que causan esclavitud dañina y duradera. La cobertura espiritual bajo la que están no es Jesús, sino el reino oscuro de Satanás.

Dios quiso que la forma más profunda de acuerdo entre dos personas fuera el pacto del matrimonio. Esta relación de pacto es sacrificial, uniendo íntimamente a un hombre y una mujer. Aparte del matrimonio y de nuestra relación de pacto personal con Dios, no debemos entrar en ninguna otra relación con esta clase de profundidad e intimidad. Sin embargo, el enemigo ha tentado constantemente a la humanidad a entablar relaciones que están fuera de los límites de la seguridad espiritual de Dios.

ATADO POR EL SEXO PECAMINOSO

Si hablamos de estar unidos a personas, no podemos evitar hablar sobre sexo. El problema es que el sexo no es solo físico. Malaquías compara al pueblo de Dios, en su desobediencia, con un esposo adúltero y advierte que tanto el pecado de adulterio como la desobediencia tienen profundas consecuencias espirituales. *"Así que cuídense ustedes en su propio espíritu,"* advierte, *"y no traicionen a la esposa de su juventud."* (Malaquías 2:15b). De manera similar, Jeremías declara las palabras de Dios: *"y vio también que yo repudié a la rebelde Israel y que me divorcié de ella precisamente por el adulterio cometido..."* (Jeremías 3:8, DHH).

Dios está dejando en claro que entregarnos en pecado sexual es muy similar a someter todo nuestro ser a falsa adoración. Ambos son actos profundos de entrega en el lugar más íntimo de nuestro ser: el primero, es sumisión a una persona y el segundo, a un ídolo invisible. La Biblia usa la misma palabra "conocer" para la unión sexual entre seres humanos (Génesis 4:1: *"Adán conoció a Eva, su mujer, y ella concibió..."* RVC) y también para la relación espiritual íntima con él, a la cual Dios nos llama en nuestro corazón (Jeremías 31:34: *"porque todos, desde el más pequeño hasta el más grande, me conocerán..."* NVI).

No existe una relación más cercana que la que se establece con las relaciones sexuales. No es de extrañar que tal intimidad sea una unión de cuerpo, alma y espíritu. Siempre estuvo destinado a ser así. Dios quiere que las relaciones sexuales en el matrimonio reflejen la relación íntima que él desea tener con nosotros, como Pablo explica en Efesios 5:31–32:

> *Por eso dejará el hombre a su padre y a su madre y se unirá a su esposa, y los dos llegarán a ser un solo cuerpo. Este es un misterio profundo; yo me refiero a Cristo y a la iglesia.*
>
> (NVI)

Las relaciones sexuales son una manifestación física de la unión espiritual de dos personas que trasciende el tiempo y el lugar. Si la unión sexual fue un acto impío, entonces los lazos espirituales entre los dos continuarán, en cierta medida, manteniéndolos atados en esa relación pecaminosa y sus consecuencias. En Proverbios 5:20-22 el escritor, el rey Salomón, da esta seria advertencia a su hijo:

¿Por qué, hijo mío, dejarte cautivar por una adúltera?
¿Por qué abrazarte al pecho de la mujer ajena?
Nuestros caminos están a la vista del Señor;
él examina todas nuestras sendas.
Al malvado lo atrapan sus malas obras;
las cuerdas de su pecado lo aprisionan.

(NVI)

Examinaremos en más profundidad este tema de cómo podemos estar atados por medios de relaciones incorrectas, como el pecado sexual, en el capítulo 5 "Lazos malos".

RESUMEN

Las relaciones son el modo en que interactuamos con Dios y con otros seres humanos. Hay aspectos físicos, emocionales y espirituales en las relaciones que encontramos a lo largo de nuestras vidas. Todos estos aspectos deben tenerse en cuenta al observar los efectos duraderos de las relaciones pasadas. La magnitud con la que una relación nos ha afectado depende en gran medida de cuán vulnerables éramos al control de la otra persona, fuera éste con intención o sin ella.

La naturaleza espiritual de las relaciones trae bendición o maldición, esclavitud o libertad. Necesitamos ser conscientes de las presiones que las relaciones pasadas y presentes tienen sobre nosotros. Esto es especialmente evidente en aquellas relaciones, donde nos ha resultado difícil liberarnos de las personas, porque todavía les tenemos miedo o tenemos sentimientos equivocados hacia ellas.

Todavía hoy podemos encontrarnos atados a personas que hemos conocido en el pasado. Esto sucede a través de cosas como el control indebido, la intimidación, los acuerdos equivocados y la actividad sexual pecaminosa. Estos lazos pueden tener un control dañino sobre nosotros en el presente y pueden gobernar nuestra forma de pensar e incluso nuestras decisiones.

Cuando estos lazos invisibles son dañinos para nosotros, se llaman lazos pecaminosos del alma. A continuación, trataremos de entender un poco más sobre lo que realmente es un lazo del alma.

3

¿Cómo se ve un lazo del alma?

El yugo invisible en las relaciones

EL YUGO INVISIBLE

Mi esposa Denise y yo estábamos de visita en Australia hace algún tiempo y tuvimos el placer de visitar un parque temático que mostraba cómo se veía la ciudad de Sydney en la época de los primeros colonos europeos. Entre las características del parque se encontraba un carro tirado por bueyes, con ocho bueyes unidos en un yugo, para llevar a los visitantes a lo largo de la representación de cómo eran las antiguas calles de Sydney.

Observando a los bueyes, me di cuenta de cómo el yugo de madera los ataba de una manera particular; sabían que estaban unidos, pero no podían ver que era lo que los estaba uniendo. Ésta es una buena ilustración de un lazo del alma; es un vínculo con alguien en el ámbito espiritual que permanece invisible pero que puede afectar fuertemente nuestras vidas, incluso las decisiones y acciones que tomamos.

Ministrando en los centros de Ellel, con frecuencia hemos escuchado a personas decir cosas como: "No sé por qué, pero no puedo tomar una decisión sin estar terriblemente ansioso por lo que vaya a decir mi madre". Para un niño pequeño esto puede ser razonable, pero para un adulto no.

Lo que están expresando es un yugo impío hacia su madre, quien continúa ejerciendo un control indebido sobre la dirección de sus vidas adultas. Este es un ejemplo de un lazo pecaminoso del alma que existe entre los dos. La voluntad del niño, no obstante, ya es un adulto, todavía está ligada a la voluntad de la madre, aunque vivan lejos el uno del otro.

Una relación piadosa entre un hijo o una hija mayor de edad y uno de sus padres, puede incluir la búsqueda de consejos sabios, y los padres nunca deben dejar de orar por sus hijos. Sin embargo, el control continuo, así sea sutil, nunca será parte del plan de Dios. Es increíble que todavía existan tantos cristianos adultos que, en cierta medida inconscientemente viven con miedo de uno de los padres. Si tenemos ese lazo en nuestras vidas, nos desviará de lo mejor que Dios tiene para nuestro destino y traerá angustia y desorden a todo nuestro ser.

Por lo tanto, es muy importante en el momento del matrimonio, y de la manera correcta dejar a los padres para unirse al cónyuge. Es mucho más que dejar físicamente a la familia y formar una nueva unión. Por mucho que los padres deseen dirigir la vida de sus hijos, el matrimonio de un hijo o de una hija, debe ser el momento en el que los padres toman la clara decisión de soltarlos espiritualmente, dándoles plena libertad para entrar en la nueva relación, y saliendo por completo de cualquier modo de control. En los casos en donde esto no ha sucedido, puede permanecer un lazo pecaminoso del alma entre el padre (o la madre) y el hijo (o la hija) que puede afectar severamente la nueva relación matrimonial.

Las historias sobre suegras difíciles que se entrometen en la vida de los recién casados no son solamente una broma. ¡Son un asunto de yugo!

¿QUIÉN ES EL AMO DEL YUGO?

Debido a que estamos viendo la naturaleza espiritual de estos lazos interpersonales y cómo nuestras vidas pueden ser gobernadas por ellos, debemos preguntarnos ¿quién es el conductor a cargo del "yugo" que nos mantiene unidos a otra persona? En una relación correcta entre dos personas, simplemente podemos decir que el vínculo del amor es un yugo fácil que está bajo la autoridad de Jesús. Qué interesante que Jesús nos anime a tomar su yugo y a que lo dejemos ser el conductor de nuestras vidas, lo cual incluye nuestras relaciones:

> *"Carguen con mi yugo y aprendan de mí, pues yo soy apacible y humilde de corazón, y encontrarán descanso para su alma."*
>
> (Mateo 11:29, NVI)

Sin embargo, si hay una relación pecaminosa, el yugo invisible está en manos de un conductor que es el enemigo de nuestras almas y, por lo tanto, aprovechará al máximo la oportunidad para conducir a los que están unidos bajo su yugo, hacia mayores tinieblas y desorden. El yugo simplemente sirve a sus propósitos de ejercer una autoridad impía y no le importa en absoluto el bienestar de aquellos que están atados.

Un yugo equilibrado entre dos bueyes, en manos de un conductor manso, no daña a los bueyes y les ayuda a trabajar juntos en armonía. De hecho, existe seguridad y libertad para que cada animal participe plenamente en el equipo. Un yugo desequilibrado en manos de un conductor severo daña y tira de los bueyes, produciendo desorden en el equipo y puede causar heridas en los lugares donde el yugo presiona el cuerpo del animal.

Pablo anima a los cristianos de Corinto a tener cuidado con la naturaleza de sus relaciones con los demás. Les advierte del peligro de establecer un yugo pecaminoso con alguien, de una manera desequilibrada donde hay anarquía y oscuridad:

> *No se unan ustedes en un mismo yugo con los que no creen. Porque ¿qué tienen en común la justicia y la injusticia? ¿O cómo puede la luz ser compañera de la oscuridad?*
>
> (2 Corintios 6:14, DHH)

Puede que no veamos un lazo del alma con nuestros propios ojos, pero podemos estar muy familiarizados con el modo en que se siente cuando éste tira de nuestras vidas. Al igual que el yugo que une a dos bueyes, existe un yugo espiritual que une nuestra alma al alma del otro. Debido a que este yugo está establecido en el ámbito espiritual, no está limitado por el tiempo o el espacio.

A través del señorío de Jesús, podemos estar estrechamente unidos a otros creyentes a quienes no hemos visto durante años y que pueden estar viviendo lejos de nosotros. Este sería un lazo piadoso del alma. Desafortunadamente, aún hoy podemos vernos profundamente afectados por una relación controladora y abusiva que sucedió hace mucho tiempo. Esta relación todavía puede tener un poderoso control sobre la forma en que pensamos y reaccionamos ante las situaciones del presente. Este sería un lazo impío del alma.

La buena noticia en todo esto es que Dios siempre puede ver claramente los yugos pecaminosos que existen en las espaldas de su pueblo. A medida que reconocemos las verdades que él nos muestra, elegimos recibir su autoridad y su cobertura sobre nuestras vidas y nuestras relaciones, los lazos dañinos se pueden romper y se puede encontrar la libertad. A través del profeta Ezequiel, Dios promete:

"Y, cuando yo haga pedazos su yugo y las libere de sus tiranos, entonces sabrán que yo soy el Señor."

(Ezequiel 34:27, NVI)

Los yugos, a lo largo de las Escrituras, están asociados con el control opresivo físico y espiritual de las personas, a través del mal gobierno de sus vidas. Sin embargo, Dios es maravillosamente capaz de liberarnos de cualquier yugo que llevemos, como declara en Nahum 1:13:

"Voy a quebrar el yugo que te oprime, voy a romper tus ataduras".

(NVI)

UNA MIRADA MÁS CERCANA A CÓMO ESTAMOS HECHOS: ¿QUÉ ES NUESTRA ALMA?

Nuestra alma es esa parte de nosotros que Dios creó al unir nuestro ser espiritual a nuestro cuerpo. Génesis 2:7 nos dice:

Entonces el Señor Dios formó al hombre del polvo de la tierra, y sopló en su nariz el aliento de vida, y fue el hombre un ser viviente.

(NBLA)

Nuestra alma es la persona que somos; es el medio por el cual nos relacionamos con quienes nos rodean. Por medio de nuestra alma pensamos, tomamos decisiones y experimentamos sentimientos como respuesta a las circunstancias de la vida. Nuestro cuerpo físico está dirigido por las emociones, pensamientos y elecciones de nuestra alma.

El alma fue diseñada para ser gobernada por el Espíritu de Dios mientras sopla en nuestro espíritu humano. De esta manera, Dios tenía la intención de ayudarnos a conocerlo íntimamente y también a conocer su dirección para nuestras vidas. En Job 32:8 leemos:

> *"Pero lo que da entendimiento al hombre es el espíritu que en él habita; ¡es el aliento del Todopoderoso!"*
>
> (NVI)

Pero Dios ha dado a hombres y mujeres el libre albedrío para decidir de quién recibirán instrucción. Desafortunadamente, desde la época del Huerto del Edén, los seres humanos han sido desobedientes a los mandamientos de Dios y con frecuencia han optado por seguir el camino del mundo y a su gobernante espiritual. Jesús es la única persona, que ha caminado sobre esta tierra, que en ningún momento ha sometido su alma al gobierno del enemigo. Al acercarse la hora de su muerte, les dijo a sus discípulos:

> *"Ya no hablaré más con ustedes, porque viene el príncipe de este mundo. Él no tiene ningún dominio sobre mí,"*
>
> (Juan 14:30, NVI)

LA BATALLA POR EL GOBIERNO DE NUESTRAS ALMAS

Cuando voluntaria o involuntariamente, seguimos el camino del mundo en nuestras relaciones, le damos gobierno espiritual al enemigo y al reino de las tinieblas. Entonces estamos atados de tal modo que nos arrastran y nos alejan de la plenitud de conocer a Dios. Podemos encontrarnos atados como esclavos. Cuando, por el contrario, el Espíritu de Dios gobierna nuestras vidas y nuestras relaciones, tenemos la paz, la libertad y la bendición de ser sus hijos. En Gálatas 4:7–8 Pablo declara:

Así que ya no eres esclavo, sino hijo; y, como eres hijo, Dios te ha hecho también heredero. Antes, cuando no conocían a Dios, ustedes eran esclavos de los que en realidad no son dioses.

(NVI)

Como cristianos, recibimos la vida de Cristo en nuestro espíritu humano y podemos volver a conocer la voz de Dios. Sin embargo, la voz del enemigo todavía tiene cierto acceso a nuestras almas y busca ejercer autoridad espiritual sobre nosotros. Sin duda hay una batalla por nuestras almas, pero debemos darnos cuenta de que somos nosotros mismos, quienes tomamos la decisión de quién será el amo y señor de nuestras creencias, comportamientos y relaciones. Pablo les ruega a los Gálatas que tengan cuidado y no se dejen dominar por las tinieblas una vez más, siguiendo los caminos de este mundo:

Pero ahora que ya conocen a Dios o, mejor dicho, ahora que Dios los conoce, ¿cómo es que vuelven a dejarse esclavizar por esas realidades mundanas que no tienen fuerza ni valor? Todavía celebran como fiestas religiosas ciertos días, meses, estaciones y años.

(Gálatas 4:9–10 BLPH)

La elección de quién será el amo y señor de nuestras relaciones es nuestra decisión. Podemos seguir lo que Dios dice, o lo que el mundo dice, sobre lo que es correcto e incorrecto en las diferentes relaciones.

UN CAMINO EN LA LUZ O UN TÚNEL EN LA OSCURIDAD

Estar atado a alguien en una relación pecaminosa nos hace espiritualmente vulnerables. Un lazo impío del alma, que existe en la oscuridad espiritual le da al enemigo la oportunidad de influir en nuestras vidas, a través de esta unión oculta que se ha establecido con la otra persona. Durante el tiempo que el lazo impío permanezca en su lugar, somos vulnerables a ser afectados por cualquier contaminación espiritual en la vida de la otra persona. Incluso las relaciones que son fundamentalmente buenas pueden tener elementos que están en la oscuridad.

Mientras escribía esto, el Señor me dio una ilustración de dos casas a la luz del sol. Las casas estaban unidas por un camino por el que cualquier persona podía pasar para ir de visita a la otra casa. Por supuesto que era necesario llamar cortésmente a la puerta antes de ser invitado a entrar en la casa del vecino. La gente de estas dos casas se visitaba mutuamente y vivían en comunión piadosa. Pero, en una de las casas, que llamare la casa uno, había ratas que querían entrar a la casa vecina, que llamaré la casa dos. Las ratas hicieron un túnel bajo tierra y lograron encontrar un pequeño agujero en el piso del sótano por donde podían entrar en secreto a la casa dos, en el momento que quisieran. Hicieron bastante daño a las propiedades de la casa dos, pero nadie sabía cómo habían logrado entrar. El túnel proporcionaba un acceso oculto constante a la casa dos y así las ratas podían pasar de una casa a la otra. Las casas representan las vidas de dos personas en una relación que tiene elementos, tanto correctos como incorrectos; están atados entre sí tanto por el camino en la luz del día, como por el túnel en la oscuridad.

El escritor de la carta a los Efesios describe algunas de las relaciones pecaminosas que existían entre los creyentes y explica cómo estas podrían afectar sus vidas espiritualmente:

Que nadie los engañe con argumentaciones vanas, porque por esto viene el castigo de Dios sobre los que viven en la desobediencia. Así que no se hagan cómplices de ellos. Porque ustedes antes eran oscuridad, pero ahora son luz en el Señor. Vivan como hijos de luz.
(Efesios 5:6-8, NVI)

Hace algún tiempo, alguien del equipo de Ellel estaba orando por un hombre que estaba teniendo dificultades en su ministerio. Le confesó al Señor varias relaciones sexuales que había tenido muchos años atrás, antes de ser cristiano. Cuando Dios le recordó estas relaciones pecaminosas, voluntariamente se arrepintió y renunció a los lazos impíos con cada pareja. De repente, cuando presentó una relación en particular ante el Señor, se dio cuenta de que un espíritu inmundo le decía: "¡No puedes tener esa!" Recordó que esta mujer siempre se había vestido de negro y había estado involucrada en brujería. Claramente, el túnel de la oscuridad todavía estaba siendo utilizado por poderes demoníacos a pesar de los años que habían pasado.

Cuando el hombre le pidió al Señor que lo purificara, se rompió el lazo pecaminoso del alma, se expulsó el espíritu inmundo y se removió el túnel permanentemente. Los demonios están confinados a la oscuridad espiritual y pueden usar la oscuridad de un lazo impío del alma, lo cual le permite al enemigo mantener su autoridad en la vida de una persona. Veremos más acerca de la actividad demoníaca que se da a través de lazos pecaminosos del alma, en otro capítulo.

Felizmente, el hombre fue liberado de esta atadura. Para todos los involucrados en este tiempo de ministración fue un recordatorio muy poderoso de cuán serios pueden ser los lazos impíos del alma. En este caso, la comunión continua de este pastor con Jesús se había visto gravemente afectada. Al escribir a la joven iglesia de Corinto, Pablo advierte:

> *¿No saben que el que se une a una prostituta se hace un solo cuerpo con ella? Pues la Escritura dice: «Los dos llegarán a ser un solo cuerpo». Pero el que se une al Señor se hace uno con él en espíritu.*
>
> (1 Corintios 6:16-17, NVI)

Como cristianos, tenemos la opción de elegir qué reino espiritual gobierna cada relación en nuestras vidas. Los lazos invisibles con otras personas nos edifican o nos derriban. Los lazos que se establecen en este ámbito espiritual no están limitados por el tiempo, por lo que hoy podemos estar afectados incluso por personas que no veíamos desde hace años. La gran noticia para nosotros como cristianos es que el señorío de Jesús, y su reino, puede establecerse en cada parte de nuestra vida, pasada y presente. Esto sucede cuando el Espíritu Santo nos ayuda a comprender la necesidad de llevar cada aspecto de nuestra vida a la luz y a la libertad. El Espíritu Santo quiere abrir los ojos de la gente,

> *"... para que les abras los ojos y se conviertan de las tinieblas a la luz, y del poder de Satanás a Dios, a fin de que, por la fe en mí, reciban el perdón de los pecados y la herencia entre los santificados".*
>
> (Hechos 26:18, NVI)

LAZOS DEL ALMA Y LAZOS GENERACIONALES

Vale la pena tomarse un momento para mencionar la diferencia entre dos expresiones importantes: un lazo del alma y un lazo generacional. En otro libro de esta serie exploraremos en detalle el significado del principio espiritual de la herencia generacional de nuestros antepasados, que puede afectar nuestra vida trayendo bendición o maldición por iniquidad.

Este camino muy real de herencia espiritual es una ley fundamental por medio de la cual Dios quiere que nosotros recibamos bendiciones. Desafortunadamente, la desobediencia de los seres humanos ha significado que el mismo camino puede traer maldiciones en lugar de bendiciones. En el contexto de la entrega de los Diez Mandamientos, Dios a través de Moisés declara:

> *"No te inclines delante de ellos [ídolos] ni los adores. Yo, el Señor tu Dios, soy un Dios celoso. Cuando los padres son malvados y me odian, yo castigo a sus hijos hasta la tercera y cuarta generación. Por el contrario, cuando me aman y cumplen mis mandamientos, les muestro mi amor por mil generaciones."*
>
> (Éxodo 20:5-6, NVI)

Esta ley fundamental sigue en pie, aunque Dios nos ha dado un mandamiento nuevo para resolver el problema de la maldición. En las áreas en las que hemos sido afectados por el comportamiento impío de nuestros antepasados, podemos ser libres al entregar nuestras vidas y nuestra herencia a la autoridad de Jesús, quien cumplió toda la Ley de Dios, en nuestro nombre.

Este camino de herencia espiritual, que puede traer iniquidad (distorsión espiritual) a nuestras vidas, se llama un lazo generacional. El camino nos conecta con la iniquidad de un pariente, incluso hasta tres o cuatro generaciones atrás, con quien quizás no hayamos tenido una relación directa. Los lazos generacionales se rompen cuando reconocemos y perdonamos el pecado de los miembros de la línea familiar y nos apropiamos de la limpieza que solo viene a través de Jesús. Busca el libro sobre la iniquidad generacional si quieres tener más entendimiento sobre este tema.

Brevemente, la diferencia entre un lazo generacional y un lazo del alma es esta: un lazo generacional es un camino de herencia espiritual por medio del cual recibimos las consecuencias de la rectitud o la maldad de tres o cuatro generaciones de nuestros antepasados. Un lazo del alma es un vínculo espiritual con cualquier persona con quien hayamos tenido una relación directa, que nos mantiene atados a ellos con uniones correctas de amor o uniones pecaminosas de oscuridad espiritual y cautiverio.

RESUMEN

Hemos examinado más de cerca cómo "se ve" un lazo del alma. Debido a que estamos hablando de un vínculo espiritual invisible, podemos describir más fácilmente los efectos de un lazo del alma, en lugar del lazo del alma en sí mismo. Una yunta de bueyes unidos en un yugo no ve la restricción en sus cuellos, pero ciertamente sienten el tirón entre ellos, mientras el conductor los dirige. Las Escrituras a menudo se refieren al dominio espiritual opresivo sobre la vida de las personas como un yugo en sus cuellos.

Un lazo del alma a veces se ha comparado con una cuerda invisible que une a las personas con otras que han conocido. Los hilos de un lazo del alma son buenos o malos, según la voluntad de Dios o en contra de la voluntad de Dios, gobernados por el Espíritu Santo o gobernados por las tinieblas espirituales del enemigo. Los lazos del alma fueron parte de la creación de Dios, destinados a ser un vínculo de amor que hace que tengamos un mismo pensar y sentir entre nosotros, al tiempo que nos sometemos a la dirección de Dios.

El enemigo de nuestras almas, Satanás, siempre busca distorsionar la rectitud de la creación de Dios. Si el hombre se mueve fuera de la protección de Dios en las relaciones, estos lazos invisibles siguen existiendo, pero se convierten en lugares de oscuridad y cautiverio en manos del enemigo.

A continuación, analizaremos un poco más este asunto en las relaciones y consideraremos con más detalle, qué es un buen lazo y qué es un mal lazo.

4

Lazos buenos

Un lazo de amor

LOS LAZOS BUENOS VIENEN CON LAS RELACIONES PIADOSAS

Desde el principio Dios quiso que las relaciones fueran radical-mente diferentes de las relaciones que tenemos actualmente en el mundo. Fuimos creados para relacionarnos unos con otros y para que, al menos en parte, expresemos el carácter de Dios. La trinidad de la Deidad exhibe la verdadera relación, a través del amor y la correcta sumisión, aunque existe plena igualdad entre el Padre, el Hijo y el Espíritu Santo. Este fue el ejemplo de Cristo Jesús, quien *"aunque existía en forma de Dios, no consideró el ser igual a Dios como algo a qué aferrarse, sino que se despojó a sí mismo tomando forma de siervo"* (Filipenses 2:5–7, LBLA).

La esencia misma de la vida en el cuerpo de Cristo es entregarse y unirse a otras personas. Entonces podemos expresar la identidad que Dios nos dio, en la libertad en Cristo, al relacionarnos con otros. *"Hagan completo mi gozo,"* insta Pablo, *"siendo del mismo sentir, conservando el mismo amor, unidos en espíritu, dedicados a un mismo propósito."* (Filipenses 2:2, NBLA).

¡Todo esto está muy bien! Pero en la vida cotidiana, ¿qué elementos conforman una relación piadosa? A continuación, exploraremos cómo Dios quiso que nuestras vidas fueran, mientras que compartimos con otros en el camino. Examinaremos algunos principios con los que pretendía bendecir las relaciones. Estos principios desafían las experiencias que la mayoría de nosotros hemos tenido en nuestras vidas, necesitamos saber qué es lo que Dios considera correcto en una relación, para que podamos entender qué fue lo que salió mal y qué nos dañó.

¿QUÉ ES UNA RELACIÓN PIADOSA Y CUÁL ES LA REALIDAD DE LA VIDA?

Primer principio: Dios nos manda a amarnos los unos a los otros sin condiciones

¡Bueno, para empezar este es un mandamiento difícil! La verdad radical que Jesús enseñó a los discípulos acerca de las relaciones significaba que tenían que considerar una mentalidad completamente nueva. No era solo el hecho de ser más amables el uno con el otro, sino que era pensar de una manera totalmente diferente, acerca de aquellos que les agradan e incluso de los que no. Más allá de amar a quienes te agradan, Jesús enseñó a sus seguidores a *"amar a sus enemigos y hacer el bien..."* (Lucas 6:35). Lo opuesto al amor incondicional es el amor condicional, que dice: "Te amaré si te esfuerzas y te haces aceptable para mí". Esto es, de hecho, una indicación de control pecaminoso en una relación.

Por supuesto, amarnos los unos a los otros incondicionalmente no significa que aprobamos el pecado del otro. Todos necesitamos la disciplina de los límites de Dios en nuestra vida, pero él diseñó nuestros corazones para que se nutran de la aceptación incondicional, especialmente a través de aquellos que están cerca de nosotros. Esto nos libera para crecer y convertirnos en las personas que Dios quiso que fuéramos, y no que estemos atados a la opinión de los demás.

Segundo principio: Debemos valorarnos los unos a los otros

"Ámense como hermanos los unos a los otros, dándose preferencia y respetándose mutuamente."

(Romanos 12:10, DHH)

Se nos ordena vernos los unos a los otros como Dios nos ve: maravillosamente hechos por su mano creativa. Cuando tratamos a otro ser humano de un modo descuidado, estamos diciendo algo sobre su falta de valor. Abusar de otro de cualquier manera, es decir: "Te veo como de menos valor que yo y puedo tratarte como yo quiera". Esto también es una forma pecaminosa de ejercer el control.

Una buena relación implica permanecer dentro de los límites correctos de esa relación. El nivel de confianza e intimidad apropiado con un cónyuge es completamente diferente al que se tiene con un colega del trabajo. Valoramos a las personas cuando tenemos cuidado de no traspasar los límites de la confianza y la intimidad, es decir, los límites que son adecuados para esa relación y momento específico. Coquetear con nuestro cónyuge es apropiado, pero no con el cónyuge de otra persona.

Valorar a las personas significa honrar todo aquello para lo que Dios las ha creado. Dios no nos pide que demos halagos poco sinceros, pero cuando las personas reciben palabras verdaderas acerca de su valor, la confianza y la autoestima crecen en sus corazones. Esto libera todo el potencial de los planes y propósitos de Dios para sus vidas.

Tercer principio: Estamos llamados a edificarnos los unos a los otros

"Por eso, anímense y edifíquense unos a otros, tal como lo vienen haciendo."

(1 Tesalonicenses 5:11, NVI)

Como un edificio que se ha edificado, estamos llamados a edificarnos unos a otros. ¿Qué significa "edificar"? Significa "fortalecernos unos a otros". A lo largo de nuestras vidas, especialmente cuando somos niños, debemos crecer fuertes tanto física como espiritualmente. Dios nos ha elegido para mostrar cada vez más la asombrosa belleza de su carácter y propósito. A Juan el Bautista se le dio un papel muy particular en la preparación del camino para Jesús, y las Escrituras registran cómo Dios lo estaba haciendo crecer para la tarea: "El niño crecía y se fortalecía en espíritu" (Lucas 1:80). Cuando criticamos con actitudes o palabras desalentadoras o de desaprobación, en el fondo lo que estas palabras quieren decir es: "Voy a restringir la forma en que creces, para que obtengas mi aprobación". "Tienes que crecer como yo quiero que seas". Esta es una relación controladora.

Cuando un niño trata de expresarse a través de un dibujo difícilmente reconocible y recibe la clara aprobación de mamá y papá cuando lo ponen en la pared, toda la identidad de ese niño se nutre y fortalece en espíritu. A través de nuestra relación con Dios y con los que nos rodean, él quiere que sepamos que nos acepta y nos aprueba principalmente por quiénes somos, más que por lo que hacemos.

Cuarto principio: Debemos perdonarnos unos a otros

La realidad de la vida es que no siempre nos han tratado del modo en que Dios quiso que fuéramos tratados. A través del rechazo, el abuso y la desaprobación, muchos de nosotros fuimos controlados por otros que buscaban satisfacer sus propias necesidades, más que las nuestras. Este principio de perdonarnos unos a otros es un mandato de Jesús. Nos enseña cómo responder a la realidad de ser heridos por otros. No importa cuánto nos hayan lastimado las otras personas, podemos vivir en un lugar de libertad en nuestras relaciones con ellos, a través del glorioso principio del perdón.

Dios nos ha enseñado que el perdón debe ser un estilo de vida para nosotros en este mundo caído, si queremos caminar en libertad con nosotros mismos y con los demás. El perdón no niega el comportamiento pecaminoso de alguien, pero nos libera del control de una relación dolorosa, un control que puede permanecer si continuamos considerándolos en deuda con nosotros. Perdonar a alguien que ha tenido un efecto devastador en nuestras vidas parece una debilidad, pero en realidad es tan poderoso que Jesús lo estableció como un claro mandamiento para sus discípulos, un principio constante en sus relaciones:

> *"Y cuando estén orando, si tienen algo contra alguien, perdónenlo..."*
>
> (Marcos 11:25, NVI)

El perdón es el principio fundamental en el reino de Dios para mantener y restaurar la libertad en las relaciones que tenemos unos con otros. El perdón es central en la relación de Dios con nosotros. No podríamos pertenecer a la familia de Dios, si Jesús no hubiera proclamado el perdón del Padre Dios a la humanidad pecadora mientras estaba colgado en la cruz. Un corazón perdonador hacia los demás es la clave para recibir, no solo el perdón de Dios, sino su plenitud y su libertad en nuestras vidas. Declaramos la verdad de esto cada vez que decimos el Padre Nuestro:

> *"Y perdónanos nuestras deudas, como también nosotros hemos perdonado a nuestros deudores."*
>
> (Mateo 6:12, LBLA)

* * *

Estos principios fundamentales de las relaciones interpersonales se manifiestan en nuestro comportamiento hacia el prójimo. Probablemente la forma más poderosa en que bendecimos o maldecimos a alguien, es por medio de las palabras que les decimos. En su epístola el apóstol Santiago escribe:

> *"De una misma boca salen bendición y maldición. Hermanos míos, esto no debe ser así."*
>
> (Santiago 3:10, NVI)

Las palabras de afirmación dan vida al oyente, mientras que las palabras incorrectas pueden causar un gran daño, el escritor de Proverbios 15:4 lo explica:

> *Las palabras suaves son un árbol de vida; la lengua engañosa destruye el espíritu.*
>
> (NTV)

Unas pocas palabras duras pueden atraparnos si son pronunciadas por alguien en quien confiamos. En algunos casos no es tanto las palabras que nos dicen, sino el poder invisible que se esconde detrás de ellas:

"Tensan su lengua como un arco..."
(Jeremías 9:3, NVI)

"hablan cordialmente con su amigo, mientras en su interior le tienden una trampa."
(Jeremías 9:8, NVI)

Cuando una relación es pecaminosa puede controlarnos de modo que nos hiere, mientras que cuando una relación es piadosa, protege y nutre el alma y el espíritu. Esto se resume en Colosenses 3:14 que nos habla del vínculo perfecto de Dios:

Por encima de todo, vístanse de amor, que es el vínculo perfecto.
(NVI)

LAZOS FAMILIARES

Como ya lo he mencionado, el vínculo más profundo que Dios quiso que existiera entre las personas es el que existe entre un esposo y una esposa en la seguridad del pacto matrimonial. El matrimonio refleja el pacto que Dios ha hecho con la raza humana y Jesús confirma que Dios ordenó una relación matrimonial de "una sola carne" (Mateo 19:5). Esto significa que la intimidad física y espiritual, literalmente, une la vida del hombre y la mujer. Este fuerte vínculo, bajo la cobertura de Dios, proporciona un entorno muy seguro para el crecimiento de la pareja y de los hijos.

El vínculo correcto entre un esposo y una esposa fortalece la unidad y el propósito para las cosas de Dios. Estar de acuerdo es un poderoso principio espiritual para promover los planes y propósitos de Dios para toda la familia. Jesús promete:

> *"si dos de ustedes en la tierra se ponen de acuerdo sobre cualquier cosa que pidan, les será concedida por mi Padre que está en el cielo."*
>
> (Mateo 18:19, NVI)

La unión en una familia es una defensa importante contra la obra destructiva del enemigo.

Una verdadera relación siempre significará ceder el uno al otro; esto es muy evidente en la forma en que Dios ordenó que las familias funcionen para su propio bienestar. Pablo da estas instrucciones a esposas y esposos:

> *Esposas, sométanse a sus propios esposos como al Señor...*
> *Esposos, amen a sus esposas, así como Cristo amó a la iglesia y se entregó por ella*
>
> (Efesios 5:22, 25, NVI)

Aunque en valor y posición la esposa es completamente igual ante Dios, él le ruega que en la familia, le dé la autoridad final a su esposo. Ningún barco está a salvo en el mar, si dos tiran del timón en direcciones opuestas. Pero el esposo también debe entregarse sacrificialmente a su esposa, en su rol como cabeza de la familia. Los niños deben estar bajo la autoridad de sus padres.

Los lazos entre los niños pequeños y sus padres deben ser fuertes, proporcionando cuidado y protección, mientras exploran quiénes son y cómo deben responder al mundo que los rodea. Recuerdo haber visto una fotografía mía cuando era pequeño, con un arnés con riendas que mi madre sostenía para evitar que corriera hacia la carretera, cuando salíamos a caminar. Esta es una imagen física del control correcto que mi madre ejercía sobre mis decisiones, mientras exploraba lo que era seguro o peligroso a mi alrededor. Mi voluntad estaba ligada a la de mi madre, frenándome en cualquier momento en que mi inmadurez me hubiera llevado a situaciones de peligro.

Los lazos del alma piadosos existen entre los miembros de la familia, ya que cada uno se somete al orden que Dios estableció dentro de ella. Dios sabía que, después de la Caída, el mundo sería un lugar espiritualmente hostil en el que el enemigo tendría derecho (a través de la desobediencia del hombre) de ejercer su autoridad y poder. Dios ordenó que la estructura familiar fuera un lugar seguro en el que cada miembro está unido a la protección del grupo.

La gente cree que si hay más personas juntas hay más seguridad. Pero la realidad es que la seguridad en un grupo surge cuando cada miembro cumple su parte en el orden correcto de ese grupo. Al enemigo le resulta mucho más difícil atrapar a aquellos que están dentro de la estructura de una familia piadosa. Un animal de caza siempre intentará dividir la manada y atacar al solitario, y esta también es la táctica favorita del diablo:

"Su enemigo el diablo ronda como león rugiente, buscando a quién devorar."

(1 Pedro 5:8, NVI)

Por supuesto, a medida que la familia crece, los niños aprenden a tomar sus propias decisiones. Hay que aflojar el arnés y las riendas para que los niños aprendan las consecuencias de sus propias decisiones. Cuando el hijo se va de la casa, la liberación debe ser completa, sin más control, solo deben permanecer los profundos lazos familiares de amor y cuidado que nunca deben disminuir.

Las relaciones en el reino de Dios siempre buscan dar y no recibir.

Cuando damos de nosotros mismos nos hacemos vulnerables, estamos rindiendo algo de nuestra alma. Desafortunadamente, a veces ese nivel de entrega nos lleva a que seamos heridos. Aprendemos formas de protegernos y evitar más dolor. Sin embargo, a medida que aprendemos a confiar en el verdadero "guardián de nuestras almas" podemos: renunciar cada vez más a la dureza con la que tratamos de proteger nuestro corazón, adentrarnos más en la intimidad de una relación verdadera y por último, podemos hacernos vulnerables sabiendo que estamos seguros y protegidos en nuestra relación con Dios y que él es nuestro protector del mal. El sometimiento nos vincula espiritualmente, Dios lo quiso así porque es bueno para nosotros, siempre y cuando actuemos según su voluntad, es decir, guardando los límites correctos de las relaciones.

Cuando ofrecemos nuestros cuerpos en el acto sexual o por medio de otros tipos de expresiones sexuales, estamos dando y exponiendo toda nuestra identidad de un modo que nos hace muy vulnerable. Dios sabe que esto podría ser potencialmente dañino y por eso estableció el pacto del matrimonio, para que sea seguro el darnos a nosotros mismos. En el matrimonio tenemos seguridad porque, al dar, también recibimos. Entonces nada se pierde en esta relación, que es la más profunda. De hecho, bajo la cobertura del Espíritu Santo, las vidas tanto del esposo como de la esposa se unen y edifican progresivamente.

LAZOS EN EL CUERPO DE CRISTO

Jesús les dijo a sus discípulos que compartieran el pan y el vino juntos, y que se identificaran con su cuerpo y su sangre dados para la redención de la humanidad. Pablo les recuerda a los cristianos de Corinto, la necesidad de comprender y respetar el profundo significado de esta instrucción. Entre otras cosas, les explica que comer el pan en comunión es un símbolo poderoso. Los seguidores de Jesús se unen al cuerpo de Cristo a través del Espíritu Santo. Hay una unión espiritual entre los hermanos en la fe que se establece en el momento en que se entregan a Jesús. Esta unión se demuestra al compartir y comer el pan:

Hay un solo pan del cual todos participamos; por eso, aunque somos muchos, formamos un solo cuerpo.

(1 Corintios 10:17, NVI)

El cuerpo de Cristo aquí en la tierra debe representar todo lo bueno mediante la unión de las almas. En Cristo, puede haber unidad de propósito sin perder la identidad personal ni la verdadera libertad. Este cuerpo de personas, correctamente unidas como siervos de Jesús, puede ser dirigido y dotado por el Espíritu Santo. Cada persona contribuye poderosamente al bienestar de todo el cuerpo. Seremos más afines a medida que conozcamos más la mente de Cristo. Nunca seremos clones, sino individuos que nos complementamos mutuamente. Corporativamente nos convertiremos en la novia sin mancha para él.

Muchos pasajes de las Escrituras describen la realidad de los fuertes lazos entre los creyentes de la Iglesia primitiva. Seguían los mandamientos de Jesús resucitado. Las relaciones que se estaban desarrollando eran notablemente diferentes al egoísmo del mundo que los rodeaba. La clase social o el género parecían importar menos. El deseo común de seguir correctamente a Dios trajo una unidad que fue inspirada por Dios en lugar de ser designada por el hombre:

Todos, en un mismo espíritu, se dedicaban a la oración, junto con las mujeres ...

(Hechos 1:14, NVI)

Compartir la comida siempre ha sido una de las formas en

que Dios quiere que mostremos nuestro deseo de estar unidos en comunión unos con otros. Comer juntos es una demostración de nuestro deseo de compartir el sustento mismo de la vida física, es fundamental para la vida familiar y debe ser parte de la comunión del cuerpo de Cristo, como claramente lo fue en los primeros días de la Iglesia:

> *Día tras día continuaban unánimes en el templo y partiendo el pan en los hogares, comían juntos con alegría y sencillez de corazón.*
>
> (Hechos 2:46, LBLA)

Hemos visto cómo la Biblia utiliza la palabra "yugo" para describir la autoridad espiritual sobre la vida de las personas y para explicar cómo estamos unidos unos con otros. Pablo describe a sus amigos en Filipos como sus "compañeros de yugo" para resumir el vínculo especial que tenía con ellos. Así como Pablo, ellos estaban bajo la dirección diaria de Jesús:

> *Ruego a Evodia, y también a Síntique, que se pongan de acuerdo como hermanas en el Señor. Y a ti, mi fiel compañero de trabajo, te pido que ayudes a estas hermanas, pues ellas lucharon a mi lado en el anuncio del evangelio, junto con Clemente y los otros que trabajaron conmigo. Sus nombres ya están escritos en el libro de la vida.*
>
> (Filipenses 4:2-3 DHH)

Entregarnos los unos a los otros, bajo la protección del gobierno de Cristo en todas nuestras relaciones es la esencia de la instrucción que Pablo dio a los cristianos de Éfeso. Ellos debían estar unidos de forma segura.

Sométanse unos a otros, por reverencia a Cristo.

(Efesios 5:21, NVI)

Aun cuando es exigente y desafiante, si en el cuerpo de Cristo decidiéramos amarnos los unos a los otros de esta manera, el empoderamiento de Dios entre nosotros sería alucinante.

Incluso David vio el potencial de la maravillosa unción y bendición de Dios cuando se da la unidad verdadera. En el Salmo 133 escribe:

> *¡Cuán bueno y cuán agradable es*
> *que los hermanos convivan en armonía!*
> *Es como el buen aceite que, desde la cabeza,*
> *va descendiendo por la barba,*
> *por la barba de Aarón,*
> *hasta el borde de sus vestiduras.*
> *Es como el rocío de Hermón*
> *que va descendiendo sobre los montes de Sión.*
> *Donde se da esta armonía,*
> *el Señor concede bendición y vida eterna.*

(NVI)

¡Así es como debería ser! Por supuesto, también debemos enfrentar la realidad de que incluso dentro de la iglesia se presentan control impío y otras actitudes pecaminosas que producen esclavitud, en lugar de bendición y libertad.

RESUMEN

Los lazos buenos entre las personas vienen con las relaciones piadosas. Jesús enseñó a sus discípulos que debían ver las relaciones de un modo radicalmente diferente. A excepción de los niños pequeños, que deben ser correctamente controlados por sus padres, nadie debería sentirse controlado por otra persona. Jesús nos llama a aceptarnos, valorarnos y edificarnos los unos a los otros, y a vivir en libertad perdonando a nuestros semejantes si pecan contra nosotros.

Toda relación verdadera requiere un nivel de sumisión. Esto nos hace vulnerables a ser controlados, pero a medida que nos entregamos más y más a Jesús, y a vivir según sus mandamientos, podemos estar seguros al tener un corazón de servicio y no tener miedo a ser esclavizados.

A continuación, vamos a dar una mirada honesta a la realidad de las relaciones pecaminosas que han existido en nuestras vidas. Estas relaciones han ejercido control impío sobre nosotros, y todavía podemos estar siendo afectados por su dominio espiritual. Echemos un vistazo más de cerca a los lazos malos.

Lazos malos

TODO SE TRATA DE CONTROL

En este capítulo, veremos cómo podemos quedar atrapados en diferentes tipos de relaciones por medio del control y la sujeción espiritual que viene como consecuencia. En el momento en que se presenta un control indebido de nuestra alma a través de una relación pecaminosa, uno o más aspectos de nuestra vida quedan fuera del orden de Dios. Esto le da al enemigo el derecho de apoderarse de la relación para influir en nuestra vida y en última instancia, en nuestra voluntad. Debemos reconocer que un lazo malo no es simplemente algo que no está bien, sino que es algo que se mantiene en oscuridad espiritual, a menos de que recibamos la liberación a través de Jesucristo.

En muchas ocasiones, las relaciones interpersonales son la causa de tanta angustia en la vida. Dios nos hizo para que nos relacionemos los unos con los otros, a través de nuestra mente, nuestra voluntad y nuestras emociones, compartiendo ideas, decisiones, momentos de felicidad y de tristeza con familiares y amigos. El problema es que cuando abrimos nuestro corazón, el pecado que ha permeado todos los aspectos de la vida humana, estropea y distorsiona lo que Dios ha destinado para ser un canal de bendición.

Quizás alguna vez le abrimos nuestro corazón a alguien que debió haber sido digno de confianza, solo para descubrir que, a través de su control impío, se apoderó de nuestra vida de una manera que Dios nunca quiso. Cuando alguien ejerce autoridad pecaminosa sobre nosotros, la relación es gobernada por la oscuridad espiritual. Es posible que hayamos anhelado tanto ser amados, que nos hemos entregado a relaciones que están fuera de los límites de Dios: estas relaciones también son lugares de oscuridad. Alabado sea Dios porque nunca es demasiado tarde para sacar a la luz las relaciones pasadas y que Dios nos muestra cómo identificar las relaciones impías en nuestra vida. Las Escrituras nos mandan:

> *"No tengan nada que ver con las obras infructuosas de la oscuridad, sino más bien denúncienlas,"*
>
> (Efesios 5:11, NVI)

Las relaciones donde hay asuntos sin resolver permanecen en la oscuridad espiritual y nos atan generando esclavitud, distorsionando nuestra mente, voluntad y emociones. Estos lazos del alma impíos son como ganchos que tiran de nosotros y nunca nos permiten quedar espiritualmente libres de sus efectos nocivos. Nos retienen de nuestro destino con el Señor arrastrándonos a las mentiras del enemigo. Veamos con más detalle los tipos de relaciones que pueden mantenernos atados en los lazos malos.

LAZOS MALOS A TRAVÉS DEL SEXO PECAMINOSO

El rey Salomón desobedeció a Dios y se entregó a cientos de mujeres paganas quebrantando las instrucciones de Dios para su pueblo. Salomón "se apegó" a ellas:

> *Pero el rey Salomón... amó a muchas mujeres extranjeras... de las naciones acerca de las cuales el SEÑOR había dicho a los israelitas: «No se unirán a ellas... porque ciertamente desviarán su corazón tras sus dioses». Pero Salomón se apegó a ellas con amor.*
>
> (1 Reyes 11:1–2, NBLA)

Estos versículos no están describiendo una situación física. Hubiera sido imposible para Salomón abrazar a todas sus esposas y concubinas al mismo tiempo. Pero a través de las relaciones sexuales que eligió tener con cada una, quedó ligado espiritualmente a ellas y, por ende, a sus creencias. Como resultado estas mujeres comenzaron a controlar su corazón y las ataduras que se formaron lo alejaron de seguir al Señor.

Una sola atadura a través del sexo pecaminoso puede tener un efecto similar.

Las relaciones sexuales son la forma más profunda en la que ofrecemos y rendimos todo nuestro ser a otra persona, de tal manera que estamos completamente vulnerables y expuestos. Dios nos dio instrucciones para que las relaciones sexuales se hagan dentro de los límites del pacto matrimonial, con otra persona del sexo opuesto.

Al salir de los límites establecidos por Dios, estas relaciones tan íntimas nos exponen al reino espiritual de las tinieblas y se convierten en un lugar de esclavitud, no de libertad. Pablo aclara esto en 1 Corintios 6:16:

> *¿O no saben que el que se une a una ramera es un cuerpo con ella? Porque Él dice: «Los dos vendrán a ser una sola carne».*
>
> (NBLA)

Es interesante que la palabra griega usada en este pasaje para "unir", de hecho, significa "pegar". Existe una realidad espiritual que une a las personas por medio de las relaciones sexuales que va mucho más allá de la unión física.

Dios quiso que la intimidad sexual en el matrimonio afirmara correcta y progresivamente los lazos físicos, emocionales y espirituales entre un esposo y una esposa. Desafortunadamente, las relaciones sexuales fuera de los límites establecidos por Dios también forman estos lazos, pero en el reino de la oscuridad generan maldiciones y no bendiciones. La atadura invisible establecida a través de las relaciones sexuales pecaminosas no se rompe con la separación física de las dos personas después del acto sexual. En el ámbito espiritual, estos lazos del alma impíos son eternos y solo se rompen por medio de la libertad que Jesús da.

Los lazos sexuales impíos pueden tener diferentes consecuencias. A veces las personas dicen que la imagen de una anterior pareja sexual viene a sus mentes cada vez que tienen intimidad con su cónyuge, por mucho que intenten desterrarla de sus pensamientos. Si una pareja sexual anterior ha estado involucrada en falsa adoración, las personas incluso pueden verse afectadas por los poderes espirituales que gobiernan la práctica religiosa de esa anterior pareja sexual, tal como lo experimentó Salomón cuando se apartó de seguir a Dios.

En una ocasión, nuestro equipo en Ellel tuvo la oportunidad de orar por una mujer que había sido atrapada en promiscuidad sexual en una parte de Londres que era frecuentada por muchos hombres hindúes. A medida que Dios la iba liberando y sanando de las ataduras con estos hombres, brevemente su cuerpo tomó la forma de varios de los dioses hindúes que se habían apoderado de su vida a través de estas ataduras sexuales pecaminosas.

Dentro del matrimonio, los lazos piadosos hacen que tengamos la misma forma de pensar que nuestra pareja y, aunque estamos a kilómetros de distancia, podemos encontrarnos pensando las mismas cosas e inconscientemente siendo atraídos en direcciones similares. Podríamos comprar el mismo regalo o llamarnos por teléfono al mismo tiempo. Esto está bien con nuestro cónyuge, pero no es de ninguna ayuda si nos encontramos teniendo pensamientos oscuros debido a una anterior pareja sexual que, por ejemplo, está involucrada en ocultismo. Posiblemente no los hemos visto en años, pero la "atracción" de pensar como estas parejas hace que todavía puedan estar controlándonos de manera inconsciente, aunque no sepamos cuál es la fuente de tal influencia.

Los sentimientos de homosexualidad (y lesbianismo) son una disfunción de cómo Dios quiso que reconozcamos y expresemos nuestra sexualidad. Estos sentimientos distorsionados son la consecuencia del daño a la identidad de una persona por diversas causas. La Biblia enseña claramente que la homosexualidad y el lesbianismo, es decir, expresar nuestros sentimientos sexuales ofreciendo nuestro cuerpo a otra persona del mismo sexo, es una práctica pecaminosa, por lo tanto, este tipo de relaciones establecerán poderosos lazos impíos entre quienes estén involucrados.

Es notable que los grupos homosexuales encuentran una fuerte identidad al reunirse en determinados lugares de una ciudad o en ciertos sitios web. Dentro de cada uno de nosotros hay un profundo deseo de pertenecer a una "familia" y el enemigo felizmente distorsiona este deseo, ya que el pecado del hombre lo lleva a caminar más y más, fuera del orden correcto. Los homosexuales y otros grupos que tienen prácticas sexuales pecaminosas pueden estar poderosamente unidos en el ámbito espiritual. El proceso de sanidad para aquellos que buscan la libertad requerirá soltarse del control corporativo de tales grupos, así como de individuos particulares.

A lo largo de las Escrituras, Dios ha comparado tanto la perversión sexual como el adulterio con el adulterio espiritual, la adoración de dioses falsos. Ambas actividades involucran una ofrenda muy profunda e impura de nuestra propia identidad, en formas que Dios ha prohibido. Cuando postramos nuestro cuerpo ante una persona o un ídolo, también estamos postrando nuestra alma y nuestro espíritu. Estamos ofreciendo todo nuestro ser al control espiritual de otro.

LAZOS MALOS A TRAVÉS DE LA ADORACIÓN FALSA

La idolatría o adoración falsa es la entrega de nuestro ser a cualquier persona o cosa que nos separa de la verdadera adoración a Dios, a través de Jesucristo. Hay un principio espiritual importante que Dios ha establecido: en la medida en que crecemos y maduramos llegamos a ser como aquello que adoramos. El Salmo 115:8 dice:

> *"Y los que hacen ídolos son iguales a ellos, como también todos los que confían en ellos."*

> (NTV)

Espiritualmente, llegamos a ser gobernados y progresivamente habitados por aquello que adoramos. Este, por supuesto, era el propósito y el deseo de Dios para nosotros. A medida que adoramos a Jesús, nos sumergimos progresivamente en su Espíritu. Nos unimos a Jesús en espíritu:

> *"Pero el que se une al Señor, es un espíritu con él."*
>
> (1 Corintios 6:17, LBLA)

En religiones falsas, cultos y otras prácticas como el yoga y las artes marciales, especialmente donde el líder ejerce control sobre sus seguidores, los devotos quedarán unidos a quienes tienen autoridad espiritual sobre ellos, asumiendo progresivamente aspectos de su carácter. Todos tenemos la opción de decidir a quién adoramos. El principio importante que debemos comprender es que le damos autoridad espiritual sobre nuestra vida a aquellos que elegimos seguir. Para los que han llegado al cristianismo con antecedentes de falsa adoración, será necesario liberarse de las fuertes ataduras con los anteriores líderes religiosos, gurús y falsos profetas. También existirán fuertes ataduras con las personas con las que compartieron en la adoración.

Cualquier persona con la que hayamos tenido una relación profunda y a quien le hayamos dado un lugar significativo, pero pecaminoso en nuestra vida, puede ser un ídolo para nosotros. Curiosamente, a los cantantes famosos a veces los llaman ídolos del pop. Los clubes de fans de estas personas pueden incluir muchos seguidores que están fuertemente controlados por su atracción obsesiva por el ídolo del pop o la estrella de cine. Los fanáticos cada vez más desean parecerse en algo a la persona que siguen. En diferentes ocasiones hemos necesitado ayudar a las personas a buscar la libertad, por medio de Jesús, de los poderosos lazos que se formaron al seguir a quienes han idolatrado.

LAZOS MALOS A TRAVÉS DE LA FANTASÍA SEXUAL

Algo parecido ocurre cuando nos sometemos a imágenes sexuales. Ofrecer nuestra identidad sexual a una imagen pornográfica es idolatría. Tales imágenes, ya sea en papel o en una pantalla, son parejas sexuales de fantasía y podemos estar tan atados a tales imágenes como lo estaríamos a una persona real. La imagen no tiene alma humana, pero los poderes de las tinieblas pueden sujetar nuestra propia alma a esas imágenes, e incluso a un sitio web pornográfico. Es común que los espíritus inmundos moren en aquellos que se han involucrado profundamente en la pornografía. El enemigo busca todas las formas posibles para promover relaciones impías. Necesitamos tomar una posición piadosa para resistir la pornografía, tal como decide el salmista:

> *"Me negaré a mirar cualquier cosa vil o vulgar. Detesto a los que actúan de manera deshonesta; no tendré nada que ver con ellos."*
>
> (Salmo 101:3, NTV)

Jesús nos ha dicho claramente que el adulterio en el corazón es tan poderoso como el adulterio físico:

> *"Pero yo les digo que cualquiera que mira a una mujer y la codicia ya ha cometido adulterio con ella en el corazón."*
>
> (Mateo 5:28, NVI)

El efecto en nuestra alma puede ser igual de fuerte, sin importar que la pareja sexual sea real o imaginaria. La sexualidad es un aspecto precioso de nuestra identidad y Dios nunca quiso que la ofreciéramos íntimamente fuera del pacto del matrimonio, el lugar seguro ordenado por él.

El enemigo es mentiroso por naturaleza. Cuando elegimos entablar relaciones que son fantasías pecaminosas, entramos en el territorio espiritual de engaño y oscuridad del enemigo, y nuestras almas pueden quedar atrapadas. En los centros de Ellel ministramos a innumerables cristianos que se sienten atrapados por la pornografía. Este es un problema mundial que claramente se ha intensificado en los últimos años por el fácil acceso a imágenes sexuales a través del internet.

LAZOS MALOS CON ANIMALES

Vale la pena tomarse un momento para considerar la posibilidad de que las personas estén atadas a animales por medio de un lazo impío. Por supuesto, los animales no tienen espíritu ni alma humanos, pero ciertamente puede haber oscuridad espiritual operando en y a través de ellos. Jesús permitió que los demonios entraran en los cerdos cuando liberó a un hombre atormentado en el país de los gadarenos:

> *"Sucedió que había una gran manada de cerdos alimentándose en una ladera cercana, y los demonios le suplicaron que les permitiera entrar en los cerdos. Entonces Jesús les dio permiso."*
>
> (Lucas 8:32, NTV)

Si existe una relación incorrecta entre una persona y un animal, el gobierno espiritual de la relación y del animal mismo, puede estar en manos del enemigo. Ejemplos de relaciones incorrectas con animales incluyen la idolatría de un animal, el bestialismo, cualquier uso indebido del animal o la sumisión de la persona al animal. Cuando el enemigo tiene este derecho, la persona puede tener una atadura demoniaca por medio de un lazo pecaminoso con el animal. En situaciones de profunda esclavitud, las personas incluso pueden asumir algunas de las características de ese animal. Esta identificación con animales se establece, por ejemplo, a través de rituales de sacrificio que se fomentan en algunas religiones falsas y prácticas de brujería para ganar fuerza espiritual al ser controlado por ciertos aspectos del carácter del animal. Las palabras de Pablo en Romanos 1:25 describen esta situación:

> *"Cambiaron la verdad de Dios por la mentira, adorando y sirviendo a los seres creados antes que al Creador, quien es bendito por siempre. Amén."*
>
> (NVI)

Este tipo de esclavitud a un animal no se puede describir fácilmente como un lazo del alma, pero estos lazos demoníacos existen y pueden ser lugares de considerable oscuridad en la vida de una persona. De nuevo recordemos que en todas estas situaciones, tenemos la maravillosa oportunidad de recibir la libertad a través del perdón que Dios nos ha dado en Jesús.

LAZOS MALOS POR MEDIO DE ACUERDOS PECAMINOSOS

Las personas sellan las relaciones de muchas formas. Dios ha ordenado el principio del pacto por medio del cual se establece el lugar legítimo de una relación profunda tanto con él como con nuestro cónyuge. Tradicionalmente, los pactos se sellaban mediante la realización de votos solemnes acompañados de actos rituales de sometimiento y sacrificio. Cuando seguimos las instrucciones de Dios, a través de nuestra relación con Jesús, tanto el pacto con él como el pacto con nuestro cónyuge son relaciones de gran bendición.

Sin embargo, cualquier compromiso similar que se establezca fuera de los límites de sus mandamientos puede ser muy dañino.

Un ejemplo de un compromiso pecaminoso con otros es la conspiración, la cual siempre se ha considerado como un poderoso acuerdo para la actividad ilícita. La palabra conspiración implica una unión espiritual de personas con un propósito ilegal: esto es un lazo del alma impío. A veces, los participantes de una conspiración o pacto llevarán a cabo rituales sencillos o pronunciarán juramentos para vincularse a su propósito común.

Una fraternidad universitaria puede ser un grupo de amigos bastante inocente. Sin embargo, es común que los participantes sean iniciados por medio de rituales sencillos para unir al grupo. Recuerdo haber orado hace algún tiempo con Colin, un hombre muy sensible, que había hecho un pacto con sus amigos en la universidad, muchos años atrás. Bajo la influencia del alcohol y con un rito de apretón de manos, pactaron vivir la vida sin que les importaran las consecuencias de sus actos. Parecía un incidente tonto y sin importancia, hasta que Dios se lo recordó a Colin mientras orábamos juntos por las cosas que lo estaban afectando. Al confesar esta mala actitud ante la vida y renunciar al pacto del que había formado parte, todo su cuerpo se estremeció y supo que Dios lo estaba liberando tanto del pacto como de los lazos impíos con los amigos. Jesús dijo:

> *"Pero yo les digo: No juren de ningún modo... Cuando ustedes digan 'sí', que sea realmente sí; y, cuando digan 'no', que sea no. Cualquier cosa de más, proviene del maligno."*
>
> (Mateo 5:34, 37, NVI)

Otros ritos tienen un efecto más significativo. El proceso de profundizar por grados en la hermandad de la masonería implica un acuerdo progresivo con los otros miembros del grupo, en negar la deidad de Jesucristo y que él es el único Hijo de Dios. Esto se hace por medio juramentos y rituales compartidos con otros masones, que los unen en el reconocimiento de dioses falsos. Muchos hombres ingresan inocentemente a la masonería o a otros grupos secretos similares, en busca de compañerismo y aceptación.

Este deseo de pertenecer a una "familia" hace que muchas personas estén dispuestas a unirse a otras en ritos. En el caso de la masonería, los rituales están diseñados con el propósito de humillar e intimidar a los participantes ante la autoridad de la hermandad. Estos rituales representan un control poderoso e impío sobre la vida de los individuos, uniéndolos progresivamente a los demás miembros y a las autoridades físicas y espirituales de la masonería.

Por ejemplo, al iniciar en la masonería el primer paso es una forma pecaminosa de pacto, que atrapa a los hombres que se dejan llevar a este tipo de esclavitud espiritual. Se requiere que el candidato se quite su ropa y se ponga una especie de pijama que ellos le entregan. Su pierna izquierda debajo de la rodilla, el brazo izquierdo debajo del codo y el pecho izquierdo quedan desnudos. Tiene los ojos vendados, una cuerda atada alrededor del cuello y las puntas de un compás presionadas contra su pecho. El ritual se llama "el impacto de la entrada". Habiendo sido humillado e intimidado por este proceso, se ve obligado a hacer votos, bajo pena de muerte, jurando ante una deidad desconocida. El candidato puede creer que nada de esto tiene ningún sentido y que no debe tomarlo en serio, pero son precisamente estos rituales, votos y actos de sumisión los que lo unen espiritualmente a los otros miembros. Los lazos impíos que se forman así son contrarios a los propósitos de Dios.

Además de los actos sexuales y rituales, podemos unirnos equivocadamente a alguien por medio de otras actividades que son impías. Los drogadictos a menudo comparten la experiencia del consumo de drogas con otros, incluso comparten agujas y otros equipos. Este grupo se convierte en su "familia", ya que juntos ofrecen sus cuerpos para ser controlados por sustancias químicas. Al orar por los adictos que eligen recibir la libertad que hay en Cristo, generalmente es necesario que sean liberados no solo de las drogas, sino también del control espiritual de todos aquellos con quienes compartieron el mismo estilo de vida. Jesús nos anima a buscar nuestro sentido de pertenencia solo en la familia de Dios, su Padre:

> *"Porque cualquiera que hace la voluntad de mi Padre que está en los cielos, ese es mi hermano y mi hermana y mi madre."*
>
> (Mateo 12:50, LBLA)

A veces, los niños declaran que son "hermanos de sangre" haciendo un corte o pinchazo en las manos y mezclando un poco de su sangre. Aunque esto pueda parecer un juego inocente, es una práctica similar a muchos de los rituales en el ocultismo; el intercambio de sangre y las relaciones sexuales son actividades clave en las reuniones satánicas para fortalecer los lazos del grupo. Dios ha declarado en las Escrituras que la vida espiritual se identifica especialmente con la sangre. En Levítico 17:11 leemos, por ejemplo:

> *"Porque la vida de la carne está en la sangre, y Yo se la he dado a ustedes sobre el altar para hacer expiación por sus almas. Porque es la sangre, por razón de la vida, la que hace expiación".*
>
> (NBLA)

Compartir sangre con otra persona, especialmente en algún ritual, significa que estamos eligiendo compartir nuestra vida espiritual con esa persona de una manera que Dios no ha ordenado. Tal práctica oculta, cuando se realiza a sabiendas, une a los participantes de una manera muy poderosa. Incluso si se hace de manera inocente, el enemigo a veces puede apoderarse de este tipo de relación y usarla en nuestra contra. Es prudente buscar la limpieza de Dios por cualquier intercambio de sangre u órganos corporales que haya ocurrido en nuestras vidas. Nunca podemos estar seguros de la limpieza espiritual de todos los involucrados, incluso si el intercambio, como en la donación de sangre o en una transfusión de sangre, fue para un propósito correcto.

El intercambio de sangre pecaminoso puede ocurrir al compartir jeringas en el uso de drogas, al tatuarse y al hacerse perforaciones en el cuerpo. Se pueden establecer lazos impíos en el ámbito espiritual a través de todas estas prácticas. El enemigo parece decidido a crear su propia red de oscuridad entre los jóvenes de hoy, que se entregan a todas estas actividades, sin que comprendan las consecuencias. Liberarse de esta "subcultura" puede requerir romper ataduras invisibles muy poderosos con otras personas.

LAZOS MALOS A TRAVÉS DE UNA SANIDAD FALSA

Actualmente, existe un mercado enorme en la medicina alternativa o complementaria. Las personas que están desesperadas por curarse a veces intentan cualquier cosa y van a donde cualquiera para obtener alivio. La naturaleza oculta y demoníaca de muchas de estas prácticas médicas es el tema de otro libro de esta serie, pero debemos reflexionar por un momento sobre los individuos que las ofrecen. A menudo son personas muy bien intencionadas, pero pueden, incluso sin saberlo, estar invocando poderes espirituales que están completamente fuera de los límites establecidos por Dios.

Cuando sometemos nuestro cuerpo al control de otra persona, incluso al recibir atención médica adecuada, nos sometemos a la autoridad espiritual que opera sobre la vida del médico. Por muy amables y bien intencionadas que parezcan las personas, es prudente hacer una oración bendiciendo a las autoridades médicas y pidiendo cobertura y protección espiritual de Dios, siempre que nos encontremos en situaciones vulnerables como al recibir tratamiento médico. Sin embargo, si a sabiendas buscamos alivio a través de prácticas que utilizan poder espiritual pecaminoso, es muy probable que estemos entrando en una relación de oscuridad y control sobrenaturales.

Si, por ejemplo, sometemos nuestra mente a un hipnoterapeuta, estamos permitiendo un control impío sobre nuestra alma y podemos encontrarnos atados tanto al tratamiento como al médico. Dios nunca tuvo la intención de que permitiéramos que otra persona tuviera tanto control sobre nuestra mente y voluntad.

Recuerdo un incidente hace un tiempo: Sheila había buscado ayuda en la hipnosis para hacerse un tratamiento para su adicción al alcohol. Encontró algún alivio de la dificultad con el alcohol, solo para descubrir que empezó a luchar con un nuevo trastorno alimentario, unos meses después. No fue hasta que Sheila buscó a Jesús, para que la liberara del control impío del hipnotizador, que pudo encontrar verdadera sanidad de estas adicciones recurrentes.

Aquellos que utilizan la homeopatía, la reflexología, la acupuntura y un sinnúmero de otras técnicas, en realidad están invocando poderes espirituales que se basan en el ocultismo o en las religiones falsas. Esto no quiere decir que sean malas personas, sino que muy a menudo su entendimiento está engañado. Los cristianos deben poner su fe en el verdadero sanador, lo cual incluye buscar cuidado médico correcto y también oración. No debemos poner nuestra fe en técnicas espirituales o en quienes las practican cuando la fuente del poder sanador no proviene de Dios. En este caso, es posible que existan fuertes ataduras del alma con los terapeutas, que nos mantienen en esclavitud y obstaculizan el que recibamos lo mejor que Dios tiene para nosotros.

LOS LAZOS MALOS NO TERMINAN CUANDO LA OTRA PERSONA MUERE

Estos lazos se encuentran en el ámbito espiritual de las tinieblas. Entender que el espíritu humano de una persona no muere con la muerte física es importante para reconocer su efecto de largo alcance, incluso manteniéndonos unidos a alguien que ha muerto. Jesús deja en claro que la muerte física no es el fin de la existencia del hombre.

Por ejemplo, en la parábola del hombre rico y Lázaro, él describe cómo, cuando el pobre Lázaro murió "fue llevado por los ángeles al seno de Abraham; y murió también el rico y fue sepultado. En el Hades el rico alzó sus ojos..." (Lucas 16:22-23, NBLA). Comprender esto puede ayudarnos a traer sanidad a individuos que están experimentando angustia inusual relacionada con la muerte de alguien con quien han tenido una relación profunda. Esto es muy importante, especialmente si la relación no era piadosa. A veces la gente dice que, aunque han pasado años después de la muerte de esa persona, todavía tienen pensamientos sobre ella que parecen afectarlos de manera indebida.

En el momento de la muerte, Jesús entregó su espíritu a la autoridad de su Padre:

> *"¡Padre, en tus manos encomiendo mi espíritu!"*
>
> (Lucas 23:46, NVI)

Necesitamos reconocer que la muerte es un momento de separación de nuestros cuerpos terrenales, pero no de aniquilación de nuestro ser espiritual, y los poderes de las tinieblas buscan cualquier oportunidad para mantenernos en esclavitud, incluso después de la muerte.

Por ejemplo, cuando alguien está en el proceso de duelo por la muerte de un ser querido y ha sido muy difícil que encuentre la paz de Dios, puede ser muy sanador orar soltando o encomendando el espíritu humano de la persona que falleció a la autoridad de Dios. En el pasado, esto se hacía en los funerales cristianos, pero en la actualidad ya no se acostumbra. Por el contrario, a veces los familiares leen poemas que parecen expresar el deseo de aferrarse de forma pecaminosa a la persona fallecida.

Soltar o encomendar el espíritu humano de la persona fallecida también puede ser útil al orar por alguien que ha sido parte de un accidente en el que han muerto otras personas involucradas. Es posible que el trauma y la confusión de un accidente fatal deje a los sobrevivientes espiritualmente vulnerables, por lo que al orar por ellos es importante que puedan entregarle a Dios, el espíritu humano de cualquier persona que murió en el accidente.

De igual manera, en el caso de una pérdida o aborto involuntario, brinda inmensa libertad a la mujer y a su esposo, que entreguen al Señor el espíritu humano del bebé. En el caso de que al bebé le quiten la vida a través del aborto, o de cualquier otro problema de pecado relacionado con alguien que ha muerto, por supuesto, primero son necesarias la confesión y el arrepentimiento para recibir el perdón de Dios.

Cualquier rito que se haga en un funeral o después, con la intención de mantener algún vínculo espiritual con la persona muerta es pecado. Dios específicamente ha ordenado que no debe haber comunicación con los que han fallecido, por ejemplo:

"Nadie entre los tuyos deberá... consultar a los muertos."
(Deuteronomio 18:10-11, NVI)

Dios no prohíbe algo que no sea posible, por lo que no debemos asumir que es imposible. La Iglesia Espiritualista, por ejemplo, busca brindar consuelo a las personas a través de esta práctica. Por supuesto, esto no es correcto ante Dios y mantiene a los participantes fuertemente atados a los que han muerto y a los que actúan como médiums. La Escritura claramente instruye:

"No te contamines al recurrir a los médiums o a los que consultan con los espíritus de los muertos. Yo soy el Señor tu Dios."

(Levítico 19:31, NTV)

Dios ha prohibido expresamente cualquier forma de culto ancestral. Las culturas que practican este tipo de culto son especialmente vulnerables.

El efecto de un lazo del alma impío con una persona puede continuar después de que la persona ha fallecido. El camino de oscuridad espiritual establecido en vida, a través de una relación pecaminosa, puede ser utilizado por los poderes de las tinieblas aun después de la muerte de alguien, para dañar al que aún vive. Recuerdo claramente lo que sucedió cuando oramos por Betty, quien había sido abusada sexualmente por su abuelo. Ella describió cómo había sido muy consciente del momento de su muerte, a pesar de que no estaba cerca de él. La "presencia" de su abuelo permaneció con ella produciéndole ansiedad y una sensación de contaminación hasta que, a través de la oración y la liberación, la atadura se rompió en el ámbito celestial y Betty entró en un nuevo lugar de completa libertad.

LAZOS BUENOS CON HILOS MALOS

Al hablar de los lazos malos debemos recordar que muchas de nuestras relaciones han sido una mezcla de cosas buenas y malas. Nuestro padre bien pudo habernos protegido, cuidado y nutrido correctamente. Sin embargo, si ejerció un control indebido que nos dejó temerosos de sus arrebatos de ira, nuestro lazo del alma con él puede ser como una cuerda con muchos hilos. Si bien hay hilos buenos que nos han guiado y protegido de una manera correcta como resultado de la buena relación, también puede haber algunos hilos malos que aún pueden mantenernos en un lugar de intimidación en nuestra vida cotidiana.

La mayoría de las relaciones tienen aspectos buenos y malos, aunque algunas relaciones, como una violación por parte de un extraño, no tienen nada bueno. Podemos agradecer a Dios por los hilos que nos han atado correctamente y han sido una bendición, y donde los hilos nos han atado incorrectamente y se han convertido en esclavitud en nuestras vidas, Dios quiere que encontremos su libertad y restauración.

RECONOCIENDO LOS LAZOS PECAMINOSOS

A continuación, encontrará una lista de algunas expresiones que las personas han usado cuando oramos por ellos y que indican que un lazo del alma impío estaba afectando su bienestar:

"Cuando pienso en esta persona, me da miedo. Me sentiría intimidado si tengo que ponerme en contacto con ella."

"Siempre he tenido que hacer un esfuerzo para no pensar en esta persona, pero de forma inesperada me encuentro pensando en ella."

"Cuando pienso en esta persona o cuando estoy con ella, me siento confundido y no puedo tomar mis propias decisiones."

"Hay momentos en los que casi puedo escuchar las palabras de esta persona o incluso 'sentir' su presencia conmigo."

"Me vienen a la mente imágenes sexuales relacionadas con esta persona."

"Parece que soy el alma gemela de esta persona. Me siento atraído hacia esta persona en formas que no me benefician."

RESUMEN

Hemos revisado muchos tipos de relaciones en las que, voluntaria o involuntariamente, hemos cedido al control de otra persona lo que nos ha dejado atrapados espiritualmente. Muchos años después, esto todavía puede estar afectándonos, incluso si la otra persona ha muerto.

La profundidad de la relación y la intensidad del lazo del alma pecaminoso dependen de la medida en que nos hayamos entregado incorrectamente, o de la forma en que fuimos controlados incorrectamente por la relación. Varias actividades pueden aumentar el nivel de control. Por ejemplo, el comportamiento ritual compartido genera un fuerte lazo del alma impío con los demás. De manera similar la actividad sexual pecaminosa, que es la entrega de nuestra propia identidad a otra persona, y el compartir la sangre en votos o pactos, también son muy relevantes espiritualmente sobre todo cuando hacen parte de las prácticas del ocultismo.

Ahora vamos a ver los efectos y los daños que se pueden presentar como consecuencia de haber quedado atados por un lazo del alma pecaminoso.

6

¿Cómo nos pueden dañar los lazos malos?

Nos deforman y nos distorsionan

DAÑADOS POR LO QUE GOBIERNA NUESTRAS VIDAS

¿Qué efecto tiene en nosotros un lazo del alma impío?

Anteriormente hemos mencionado que existe un principio poderoso operando en el mundo que debemos considerar. Este principio se puede expresar así: *crecemos y maduramos a la imagen y semejanza de aquello que gobierna espiritualmente nuestras vidas.* Como ocurre con todos los principios espirituales, las consecuencias para nosotros pueden ser buenas o malas, dependiendo de si seguimos o no las instrucciones de Dios.

El salmista expresa cómo la falsa adoración nos va cambiando y nos va dañando:

"Se volverán como ellos [ídolos] los que los hacen."
(Salmo 115:8, NBLA)

Está describiendo la realidad espiritual de que, aquello a lo que nos sometemos, tiene autoridad espiritual sobre nosotros y hace que asumamos cada vez más el carácter de lo que adoramos.

Por supuesto, las buenas consecuencias son precisamente, el cumplimiento del plan y el propósito de Dios para nosotros. En una relación donde rendimos nuestra vida a Jesús, estamos destinados a ser cada vez más como él. Dios quiere que estemos unidos a Jesús, quiere que estemos íntimamente ligados a él para recibir la plenitud de la vida que ha provisto para nosotros (cf. 1 Corintios 6:17: *"Pero el que se une al Señor se hace uno con él en espíritu."*). Pablo explica que cuanto más rindamos cada aspecto de nuestra vida a la autoridad de Jesús, más parecidos seremos a su imagen y carácter:

"Porque a los que Dios conoció de antemano, también los predestinó a ser transformados según la imagen de su Hijo, para que él sea el primogénito entre muchos hermanos."
(Romanos 8:29, NVI)

Sin embargo, lo que Dios ha ordenado para nuestro bien, constantemente es tergiversado por el enemigo, cuando la humanidad le da la entrada al desobedecer los mandamientos de Dios. Esto fue lo que sucedió en el caso de Elimas, quien se oponía a los esfuerzos de Pablo y Bernabé por proclamar el evangelio. Fijando su mirada en él, Pablo lo confronta diciendo:

"Tú, hijo del diablo, que estás lleno de todo engaño y fraude, enemigo de toda justicia, ¿no cesarás de torcer los caminos rectos del Señor?"

(Hechos 13:10, NBLA)

Satanás, el gobernador de este mundo (Juan 12:31), desea que nuestras vidas (incluyendo nuestras relaciones) estén bajo su autoridad y, por lo tanto, que se inclinen hacia su carácter y que seamos alejados de nuestra relación con Cristo. Satanás quiere que nos amoldemos a la imagen que presenta este mundo, que de hecho es su carácter, pero debemos resistir firmemente su presión. Pablo nos ordena: "No se amolden al mundo actual…" (Romanos 12:2).

Anteriormente hemos dicho que toda relación verdadera implica cierto nivel de entrega de parte nuestra. El matrimonio, según la voluntad de Dios, es una relación muy profunda en la que un hombre y una mujer se entregan el uno al otro. Curiosamente, la liturgia anglicana original de celebración de un matrimonio incluye las siguientes palabras dichas por el esposo a la esposa: "con mi cuerpo, te adoro". La seguridad de una relación piadosa es un lugar de maravilloso sometimiento y bendición mutua.

Puede sonar un poco fuerte hablar de adorar a otro ser humano, pero esta liturgia describe un ejemplo de una relación especialmente profunda, el matrimonio, donde se presenta una forma correcta de entrega el uno al otro. Dios desea que en todas las relaciones cristianas haya una forma correcta de entrega. Estamos llamados a "someternos unos a otros en el temor de Cristo" (Efesios 5:21). El escritor de Efesios continúa explicando, en el caso del matrimonio, la forma especial en que la esposa debe entregarse a su esposo y también cómo él debe entregarse a ella. A través de los años de un matrimonio piadoso, esta entrega complementaria significa que como pareja crecen en afinidad entre ellos y con Cristo, sin perder su propia identidad y dones únicos.

Sin embargo, si nos hemos sometido voluntariamente (o incluso de mala gana) a una relación de pecado, quedamos bajo control espiritual pecaminoso, esto no es lo que Dios pretendía. A través de la naturaleza pecaminosa de la relación y de la pecaminosidad de la otra persona, los aspectos del carácter del enemigo pueden dominarnos en una forma muy dañina. Por medio de la atadura con la otra persona nos deformamos y perdemos el diseño que Dios tenía para nosotros y, así asumimos la forma o la imagen de este mundo impío.

Alguien que ha dominado inmensamente nuestra vida puede tener una gran influencia en la forma en que pensamos y actuamos, incluso si no están físicamente cerca de nosotros. Inconscientemente, podemos tomar nuestras decisiones más por intimidación, que por el deseo sincero que tenemos de seguir a Jesús.

¡DEFORMADO!

Una marioneta toma la forma que el titiritero decide, los hilos que manipulan la marioneta son fáciles de ver. Los lazos espirituales pueden no ser tan obvios, pero no por eso son menos limitantes de la capacidad de tomar nuestras propias decisiones y desarrollar nuestra propia identidad. Los lazos del alma impíos pueden ser como cuerdas que nos sujetan al carácter pecaminoso de aquellos con quienes hemos tenido una relación incorrecta. Proverbios 5:22 dice:

> *"Al malvado lo atrapan sus malas obras; las cuerdas de su pecado lo aprisionan."*
>
> (NVI)

En nuestros centros de Ellel hemos ministrado a innumerables cristianos, que cuando eran niños, fueron severamente dominados de alguna manera por un adulto. Tal dominación es un control espiritual impuesto que puede ser muy dañino para el desarrollo emocional e incluso para el desarrollo físico del niño. Al ayudar a las personas para que sean libres, no es raro encontrar que están muy conscientes del carácter pecaminoso de ese adulto dominante que todavía se impone en sus vidas. Romper estos lazos del alma puede liberarlos de la opresión espiritual de una manera maravillosa.

Cuando los lazos del alma se han establecido profundamente a través del comportamiento abusivo, este tipo de esclavitud puede tener un efecto poderoso que distorsiona el bienestar espiritual, emocional y físico de la persona. Cuando, por ejemplo, una madre ha tenido un control muy fuerte sobre la vida de su hija, tal vez tratando de satisfacer sus propias necesidades a través de demandas pecaminosas, el efecto en la hija puede ser devastador.

A medida que la niña intenta convertirse en mujer y buscar su propia identidad, puede sentirse incapaz de desenredarse de la identidad y disfunción de su madre. Puede haber una influencia significativa en su capacidad para madurar, inclusive físicamente. La muerte de la madre no necesariamente pondrá fin a este control sobre la hija. Incluso puede ser que la hija desarrolle algunas de las enfermedades que tenía la madre. El enemigo puede usar la oscuridad espiritual de un lazo del alma pecaminoso, para transferir las enfermedades en el momento de la muerte.

Debemos mencionar que también pueden presentarse decisiones deliberadas para establecer lazos del alma impíos, especialmente por parte de aquellos que quieren aprovecharse del poderoso control que tales ataduras pueden ejercer sobre la voluntad de los demás. El satanismo y la brujería usan los lazos del alma pecaminosos como un medio para influir en la vida de los que están sujetos al control espiritual. En el ocultismo profundo, los miembros del grupo participan deliberadamente en rituales impíos, a menudo de naturaleza sexual, para unirse espiritualmente y, por lo tanto, permitir la comunicación y el control pecaminoso dentro del grupo.

Los lazos del alma impíos distorsionan nuestras vidas y nos empujan de tal manera que nos mantienen, en cierta medida, bajo la influencia del enemigo a través de la iniquidad en la relación y la persona a la que estamos atados. "Iniquidad" es una palabra que significa estar fuera de la línea de Dios, desviarse o torcerse. Ya hemos visto que el rey Salomón estaba atado de forma pecaminosa a sus esposas extranjeras y esto lo llevó cada vez más a la iniquidad destructiva de las creencias y prácticas paganas de sus esposas.

¡Los lazos del alma impíos dejan nuestros corazones fuera de la forma que Dios quiere para nosotros!

BENDICIONES Y MALDICIONES EN LAS RELACIONES

A través de su palabra, Dios le ha dado a la humanidad entendimiento acerca de sus leyes espirituales, para que podamos saber lo que ha ordenado con respecto a la rectitud de su universo. Nos ha dado mandamientos para que podamos permanecer dentro de la relación de pacto que él estableció con nosotros, por medio de la sangre de Jesús, a fin de conocer su protección y disfrutar de las bendiciones de su creación. Cuando salimos de los límites establecidos por Dios para nuestras vidas, quedamos fuera de su protección y sujetos a las maldiciones de las tinieblas que Dios ha ordenado para aquellos en desobediencia. Efesios 5:6 advierte:

"Que nadie los engañe con argumentaciones vanas, porque por esto viene el castigo de Dios sobre los que viven en la desobediencia."

(NVI)

En el capítulo 27 de Deuteronomio, encontramos que muchas

de las maldiciones enumeradas están vinculadas con el área de relaciones que está fuera de los límites ordenados por Dios. Está claro que las vidas de quienes participan en relaciones donde, por ejemplo, hay pecado sexual y violencia, estarán sujetas a maldiciones y tinieblas espirituales. El capítulo 28 de Deuteronomio explica que tales maldiciones incluyen un yugo destructivo sobre las vidas de aquellos que desobedecen a Dios:

> *"servirás a los enemigos que el Señor enviará contra ti. Pasarás hambre y sed, andarás desnudo y carente de todo. El Señor te pondrá sobre el cuello un yugo de hierro que te oprimirá severamente hasta destruirte."*
>
> (versículo 28, NTV)

La Ley de Dios es inmutable: las relaciones pecaminosas nos esclavizarán destructivamente al reino de las tinieblas. Alabado sea Dios, porque para los que obedecen los mandamientos de Jesús, quien ha cumplido la Ley en representación nuestra, hay libertad de la esclavitud.

DAÑO POR MEDIO DE ESPÍRITUS INMUNDOS

En el capítulo 3 analizamos varias formas de describir un lazo del alma pecaminoso. Una ilustración era la de un túnel oscuro entre dos casas, que permitía el acceso secreto para que las ratas invadieran y causaran daños. Ahora necesitamos observar con más detalle lo que representan estas ratas en esta ilustración.

Dios creó todas las cosas y está por encima de todas las cosas, pero donde hay oscuridad espiritual, la autoridad espiritual pertenece a Satanás. Él gobierna en este mundo a través de la desobediencia de los seres humanos, quienes eligen seguir su dirección en lugar de las instrucciones de Dios, así como hicieron Adán y Eva en el jardín del Edén:

"Pero, en cuanto al fruto del árbol que está en medio del jardín, Dios nos ha dicho: "No coman de ese árbol, ni lo toquen; de lo contrario, morirán". Pero la serpiente le dijo a la mujer: —¡No es cierto, no van a morir!"

(Génesis 3:3-4, NVI)

Sin embargo, el príncipe de este mundo, como Jesús llama a Satanás (cf. Juan 14:30), no es el único ser espiritual que lo ocupa: él gobierna sobre una multitud de seres espirituales caídos, a los que Jesús se refiere como demonios o espíritus inmundos, por ejemplo, en Mateo 12:28:

"Pero si Yo expulso los demonios por el Espíritu de Dios, entonces el reino de Dios ha llegado a ustedes."

(NBLA)

Los lazos del alma impíos son relaciones de oscuridad espiritual que proporcionan un entorno para la actividad de los poderes de las tinieblas, incluidos los demonios o los espíritus inmundos.

Por ejemplo, una relación dominante y abusiva entre un padre y su hija, sigue los caminos pecaminosos de este mundo y, por consiguiente, al príncipe de este mundo. La oscuridad subyacente a la relación puede permitir que un espíritu inmundo opere para mantener y promover el control impío. Entonces, no es simplemente la fuerza del comportamiento del padre lo que da poder al control espiritual, sino que también puede ser un demonio trabajando a través del lazo impío. El grado de control se vuelve sobrenatural, operando más allá de los confines del tiempo y del espacio.

Podemos entender esto al pensar en el lazo del alma impío como un "túnel" subyacente de la oscuridad espiritual que existe a través de los aspectos incorrectos de una relación. Donde hay pecado, hay oscuridad espiritual y el enemigo tiene derecho a gobernar. Ha buscado esto desde que se rebeló contra Dios y vio en el jardín del Edén la oportunidad de ganar la autoridad que Dios le había dado al hombre en este mundo.

Pablo insta a los cristianos de Éfeso a que no sigan dando a Satanás tal oportunidad:

"Enójense, pero no pequen; no se ponga el sol sobre su enojo,
ni den oportunidad al diablo."

(Efesios 4:26-27, NBLA)

Las relaciones pecaminosas le dan al enemigo esta oportunidad, autoridad o derecho para gobernar. Con ese derecho, puede fortalecer su control mediante el poder de los espíritus inmundos que trabajan en la oscuridad.

Por ejemplo, las relaciones sexuales fuera de los límites del pacto matrimonial entran en el territorio espiritual que pertenece al enemigo. Las perversiones dentro de una unión sexual correcta son relaciones que establecen lazos impíos y pueden ser empoderadas por espíritus inmundos, para mantener a los participantes en engaños y deseos erróneos que están fuera de la cobertura de Dios. En Romanos 1:24 Pablo explica las consecuencias de tales relaciones incorrectas:

"Por lo cual Dios los entregó a la impureza en la lujuria de sus
corazones, de modo que deshonraron entre sí sus propios cuerpos."

(NBLA)

El trabajo de un demonio, que opera donde un individuo es desobediente a los mandamientos de Dios, es mostrar y promover el carácter de Satanás y su imagen en este mundo caído. Cristo nos ha salvado de semejante oscuridad espiritual:

> *"Antes ustedes estaban muertos a causa de su desobediencia y sus muchos pecados. Vivían en pecado, igual que el resto de la gente, obedeciendo al diablo —el líder de los poderes del mundo invisible— quien es el espíritu que actúa en el corazón de los que se niegan a obedecer a Dios."*
>
> (Efesios 2:1-2, NTV)

Cuando un discípulo de Jesús ha tenido relaciones pecaminosas, pero elige traerlas a la luz, los poderes de las tinieblas quedan expuestos y es posible que los espíritus inmundos se manifiesten. Sin embargo, una vez que los derechos del enemigo son quitados mediante la confesión y el arrepentimiento, los espíritus inmundos pueden ser expulsados. ¡No pueden permanecer en la luz! Hemos orado por muchos cristianos que, al romper un lazo del alma impío y expulsar a los espíritus inmundos asociados, han sido maravillosamente liberados de años de "cautividad".

Los demonios, o espíritus inmundos, promueven el pecado que les dio un derecho en la persona. Por ejemplo, en las relaciones pecaminosas puede haber espíritus de control, lujuria, miedo, idolatría o perversión sexual que quedan expuestos a la luz de Cristo cuando se lleva la relación a él y se rompen los lazos impíos.

El "túnel" de oscuridad en una relación también puede contener espíritus de enfermedad y muerte. Por ejemplo, puede presentarse la necesidad de liberación al soltar los lazos con un bebé abortado, los espíritus de muerte pueden estar contaminando el útero de la mujer. Este también puede ser el caso de un aborto espontáneo, cuando la pérdida de un bebé no es consecuencia del pecado de la madre o el padre. Sin embargo, la muerte prematura es parte de la maldición que la raza humana ha traído sobre sí misma y esa maldición produce oscuridad espiritual, como advierte Deuteronomio 28:15, 18:

"Pero sucederá que si no obedeces al Señor tu Dios... vendrán sobre ti todas estas maldiciones y te alcanzarán: ... Maldito el fruto de tu vientre"

(LBLA)

DAÑO AL CUERPO

El cuerpo tiende a reflejar la condición espiritual del alma. La gente suele ver la tensión en la cara de otra persona. No es la cara la que está tensa, sino el ser interior. Si estoy en paz en mi corazón, mi cuerpo estará más cómodo. Un lazo del alma impío tiene el efecto de distorsionar el ser interior. Es muy probable que tal distorsión y opresión espiritual en el alma se manifieste en el cuerpo. Un yugo espiritual pecaminoso pesa mucho sobre la persona y puede hacer que el cuerpo sufra desórdenes y enfermedades como consecuencia de este estrés.

Jesús a menudo habló sobre la necesidad interior de un individuo antes de satisfacer la necesidad física más obvia. En el primer capítulo, vimos cómo Jesús al sanar a la mujer que estaba encorvada, primero la "desató" de la sujeción espiritual de los dieciocho años que estuvo encorvada, y luego la sanó físicamente:

"Mujer, quedas libre de tu enfermedad." Al mismo tiempo, puso las manos sobre ella, y al instante la mujer se enderezó...

(Lucas 13:12-13, NVI)

La enfermedad promovida por demonios, que ocupa la oscuridad espiritual de un lazo del alma impío, puede afectar aquellas partes del cuerpo que fueron sometidas a la impiedad de la relación. La enfermedad en la espalda y la columna vertebral a menudo parece estar asociada con relaciones opresivas y controladoras que han pesado mucho en la vida de alguien. La expresión sexual pervertida requerirá muy a menudo tanto la ruptura de los lazos del alma como la liberación de espíritus inmundos, esto puede incluir la expulsión de espíritus de enfermedad de las partes del cuerpo afectadas. Un ejemplo de esto sería la contaminación de la boca o del sistema digestivo de una persona que ha participado en una relación sexual impía que involucra sexo oral.

RESUMEN

Los lazos del alma pecaminosas nos empujan en una dirección que es contraria a la voluntad de Dios para nosotros.

Dios quiere que estemos unidos a él y entre nosotros, por medio de lazos de amor que nos proporcionen libertad y plenitud. Las verdaderas relaciones implican, en cierta medida, someternos los unos a los otros. Bajo el señorío de Jesús, esta entrega desarrolla la imagen y el carácter de Cristo en nuestra propia vida y también en la comunión con nuestro prójimo.

En las relaciones que son contrarias a los mandamientos de Dios, nuestra entrega y sometimiento está bajo el reino espiritual de las tinieblas. Esto produce distorsión en nuestras vidas, al ser arrastrados por lazos impíos con los demás; quedamos bajo una autoridad espiritual que promueve la imagen destructiva y contaminante de este mundo rebelde y el carácter de su gobernante, Satanás.

A continuación, vamos a detenernos en las Escrituras para ver con más detalle cómo este principio de los lazos del alma pecaminosos se expresa de varias maneras.

7

Profundizando en la palabra de Dios

¿Cómo se describen los lazos del alma en las Escrituras?

EL CONCEPTO DE UN LAZO DEL ALMA EN LA BIBLIA

La realidad de la Santísima Trinidad: Padre, Hijo y Espíritu Santo, un solo Dios, se expresa a través de la Biblia, aunque específicamente la palabra "Trinidad" nunca se usa. El término "lazo del alma" no se encuentra directamente en las Escrituras, sin embargo, es muy evidente el concepto de que existe un vínculo invisible entre las personas, que tiene un efecto poderoso en la mente, la voluntad y las emociones, es decir en el alma. En este capítulo exploraremos con mayor profundidad cómo la Biblia describe este principio, tanto de los lazos buenos como de los lazos malos.

Consideremos una de las relaciones profundas a las que se hace referencia en el Antiguo Testamento. En 1 Samuel 18:1 leemos que *"el alma de Jonatán quedó **ligada** al alma de David"* (énfasis agregado). Existía un lazo emocional entre los dos hombres que era lo suficientemente profundo como para que la Biblia registrara que Jonatán amaba a David tanto como se amaba a sí mismo. La palabra hebrea *qashar* traducida en la versión King James como *"entretejido"* simplemente significa *"atado"*. Esta misma palabra hebrea se usa en otros lugares para describir los lazos de relación que van más allá del aspecto físico. Este vínculo invisible entre David y Jonatán fue un vínculo piadoso, lo que hizo que quisieran protegerse el uno al otro y que buscaran juntos una reconciliación correcta con Saúl, aunque esto en realidad no se iba a lograr.

Una palabra similar a *qashar* también se usa para describir una conspiración. Absalón estaba involucrado en una conspiración contra David, su padre. Manipuló a la gente dando favores para que quedara bajo su control. Este control espiritual que Absalón ganó sobre el pueblo era muy poderoso, tanto que las personas lo seguían más por el control impío que ejercía sobre ellos, que por el hecho de seguir una causa en la que ellos creían:

> *Y la **conspiración** se hizo poderosa, y aumentaba el pueblo que seguía a Absalón. Y un mensajero vino a David, diciendo: El corazón de todo Israel se va tras Absalón.*
>
> (2 Samuel 15:12–13, RVR1960, énfasis agregado)

La misma palabra "conspiración" significa una confabulación muy grande (en el corazón) entre dos o más personas con fines ilícitos. Curiosamente, en la ley inglesa una conspiración es un delito incluso si el delito en sí no se comete.

Nuevamente aparece la palabra *qashar* en la historia de los tratos de José con su familia, donde leemos que la vida de Jacob estaba ligada a la vida de su hijo Benjamín, hasta tal punto que, si Jacob creía que había perdido a este hijo en Egipto, se esperaba que Jacob también muriera:

"Ahora pues, cuando yo [Judá] vuelva a mi padre [Jacob], su siervo, y el muchacho [Benjamín] no esté con nosotros, como su vida está **ligada** *a la vida del muchacho sucederá que cuando él vea que el muchacho no está con nosotros, morirá."*
(Génesis 44:30-31, NBLA, énfasis agregado)

Al leer la historia de la gran devoción de Jacob por José y Benjamín, quienes fueron los hijos que tuvo con Raquel, vemos que el lazo piadoso entre este padre y sus hijos se distorsionó por el favoritismo que claramente expresó hacia ellos, lo cual produjo celos y desequilibrio en toda la familia e incluso resultó en esclavitud para Jacob, porque su vida estaba ligada al bienestar de su hijo de tal manera que controlaba hasta su deseo de vivir. Por mucho que amemos a nuestros hijos, semejante nivel de dependencia de sus vidas no es saludable. Esto muestra cómo una relación, incluso dentro de una familia piadosa puede tener un elemento pecaminoso que produce esclavitud.

La Biblia usa otras palabras y frases para describir la forma en que las personas están profundamente unidas por medio de las relaciones. En capítulos anteriores, hemos analizado el hecho de que los lazos del alma que se han contaminado a través del control pecaminoso, pueden ser la oportunidad para que se desarrolle un fuerte alejamiento de la verdadera relación con el Señor. Esto se expresa claramente en una advertencia dada por Dios en el libro de Deuteronomio:

> *"Si... tu amigo entrañable, te invita en secreto, diciendo: 'Vamos y sirvamos a otros dioses'... no cederás..."*
>
> (Deuteronomio 13:6, 8, NBLA)

No existe una relación verdadera sin algún nivel de sometimiento. Pero Dios no quiere que el enemigo use el sometimiento, que es un lugar de vulnerabilidad, para llevarnos hacia la oscuridad espiritual.

Este mismo concepto acerca de personas unidas o íntimamente entretejidas por lo que gobierna espiritualmente en sus vidas, se enfatiza en el Nuevo Testamento cuando los autores buscan describir el vínculo correcto que Dios quiere que exista entre aquellos que son el cuerpo de Cristo aquí en la tierra. Solo en Cristo hay un lugar de verdadera seguridad para desarrollar nuestras relaciones unos con otros. Pablo hizo de esto una prioridad:

> *"Pues quiero que sepan que estoy luchando duramente por ustedes, por los de Laodicea... para que ellos reciban ánimo en su corazón, para que permanezcan unidos en amor y enriquecidos con un perfecto entendimiento que les permita comprender el designio secreto de Dios, que es Cristo mismo"*
>
> (Colosenses 2:1-2, DHH)

CUERDAS Y UNIONES

Cuando las relaciones han sido pecaminosas, ya sea por nuestro propio pecado o por el pecado de otros, las Escrituras reconocen los lazos continuos e invisibles que pueden mantener a una persona atada a la oscuridad espiritual de la relación. En su advertencia a los jóvenes para que tengan especial cuidado en evitar el pecado sexual, el escritor de Proverbios describe los lazos invisibles como cuerdas:

> *¿Por qué, hijo mío, dejarte cautivar por una adúltera?*
> *¿Por qué abrazarte al pecho de la mujer ajena?*
> *Nuestros caminos están a la vista del Señor;*
> *él examina todas nuestras sendas.*
> *Al malvado lo atrapan sus malas obras;*
> *las cuerdas de su pecado lo aprisionan.*
>
> (Proverbios 5:20-22, NVI)

De manera similar, el salmista describe cómo el Señor desea liberar a las personas, de las ataduras invisibles que tienen con aquellos que las han herido:

> *"Desde mi temprana juventud, mis enemigos me han perseguido...*
> *Tengo la espalda cubierta de heridas...*
> *Pero el Señor es bueno;*
> *cortó las cuerdas con que me ataban los impíos."*
>
> (Salmo 129:1, 3-4, NTV)

Y, por supuesto, también hay lazos buenos. Rut tenía una relación especial con su suegra Noemí:

> *"Una vez más alzaron la voz, deshechas en llanto. Luego Orfa se despidió de su suegra con un beso, pero Rut se aferró a ella."*
>
> (Rut 1:14, NVI)

Es interesante que la descripción de esta relación de Rut "aferrándose" o "uniéndose" a Noemí, en hebreo utiliza la palabra *dabaq*, que significa un vínculo profundo, y es la misma palabra que se usa para describir la unión física y espiritual que Dios ordenó entre un hombre y su esposa (Génesis 2:24).

No hay ninguna sugerencia de que hubiera algo distorsionado o sexual en la relación entre Rut y Noemí. Sin embargo, fue lo suficientemente cercana como para que Rut dijera que sus vidas seguirían el mismo curso físico y espiritual:

> *"porque adonde tú vayas, yo iré, y donde tú mores, moraré. Tu pueblo será mi pueblo, y tu Dios mi Dios."*
>
> (Rut 1:16b, NBLA)

Entre Rut y Noemí se estableció un vínculo espiritual piadoso.

EXPLICANDO LOS ÁMBITOS INVISIBLES

Al leer acerca de la vida de Jesús, lo vemos explicando cuidadosamente a los discípulos las verdades espirituales del reino de Dios. Sin embargo, rara vez entendían lo que él realmente estaba diciendo. Jesús les enseñó por medio de historias y parábolas para que las guardaran en su corazón y meditaran en ellas, a medida que crecían en el conocimiento de él, a través del Espíritu Santo.

Con frecuencia es más fácil explicar las cosas que no se ven por la forma como afectan lo que vemos. No puedes ver el viento, pero puedes ver lo que hace. Jesús explica la obra del Espíritu Santo comparando su efecto sobre nosotros con el viento:

> *"El viento sopla donde quiere, y oyes su sonido, pero no sabes de dónde viene ni adónde va; así es todo aquel que es nacido del Espíritu."*
>
> (Juan 3:8, LBLA)

¡Describir cómo el Espíritu de Dios dirige nuestras vidas es más fácil que describirlo a él!

De la misma manera, es difícil explicar la realidad espiritual de cómo nos unimos a otras personas con las que tenemos relaciones. Cuando vemos el efecto negativo, emocional y espiritual, que otros han tenido en nuestras vidas, la realidad de un lazo pecaminoso se vuelve más clara. A medida que perdonamos a aquellos que han controlado nuestras vidas y buscamos la libertad en Cristo, con frecuencia la ruptura de estos lazos se puede experimentar de maneras muy significativas. Cuando alguien recibe oración, declaraciones como: "Por primera vez en mi vida, ahora me siento libre de esa persona", son las que describen claramente la liberación experimentada. Muchas veces es más fácil expresar en palabras la esclavitud y la libertad posterior que dar una descripción del lazo impío.

Recuerdo haber orado por una mujer llamada Rose, recientemente había sufrido un terrible control y abuso verbal por parte de un colega del trabajo, que tenía más experiencia que ella, en la escuela donde era maestra. Cuando Rose presentó la situación ante el Señor, perdonó a su colega y fue liberada del dominio que había ejercido sobre ella, el efecto fue extraordinario. Al principio, experimentó una sensación como un gran peso sobre su cuerpo inclinándola de modo que su cabeza estaba sobre sus rodillas. Casi con la misma rapidez se dio cuenta que el peso fue quitado y quedó con una increíble sensación de libertad y alivio. Ella no hubiera podido explicar cómo se ve un lazo del alma pecaminoso, pero ciertamente sabía cómo se sentía.

Por supuesto que Dios quiere que sus hijos estén unidos correctamente, de manera que resulte en orden, armonía y buenos propósitos. Los escritores de las cartas a la Iglesia primitiva trataron de ayudar a sus lectores a ver que los vínculos espirituales piadosos son reales y valiosos. Pablo, por ejemplo, escribe sobre su anhelo de ver a sus hermanos creyentes en Tesalónica:

"Pero nosotros, hermanos, separados de ustedes por breve tiempo, en persona pero no en espíritu, estábamos muy ansiosos, con profundo deseo de ir a verlos."

(1 Tesalonicenses 2:17, NBLA)

Un ejemplo que se usa compara a los miembros del cuerpo de Cristo con las partes de un edificio espiritual:

"también ustedes son como piedras vivas, con las cuales se está edificando una casa espiritual. De este modo llegan a ser un sacerdocio santo, para ofrecer sacrificios espirituales que Dios acepta por medio de Jesucristo."

(1 Pedro 2:5, NVI)

A través del señorío de Jesús y en la relación de unos con otros, corporativamente somos como una morada espiritual habitada por el Espíritu de Dios.

Jesús es el fundamento de este nuevo tipo de relación que solo es posible cuando se construye sobre él:

"edificados sobre el fundamento de los apóstoles y los profetas, siendo Cristo Jesús mismo la piedra angular. En él todo el edificio, bien armado, se va levantando para llegar a ser un templo santo en el Señor. En él también ustedes son edificados juntamente para ser morada de Dios por su Espíritu."

(Efesios 2:20-22, NVI)

Dios quiere que en la medida en que nos sometemos unos a otros en Cristo, encontremos un lugar donde encajamos exactamente y seamos una parte integral de la estructura espiritual de su cuerpo aquí en la tierra. La gran intimidad de esta unión espiritual no es solo como un edificio, sino incluso como la interrelación de las partes del cuerpo humano:

> *"Cristo, de quien todo el cuerpo, estando bien ajustado y unido por la cohesión que las coyunturas proveen, conforme al funcionamiento adecuado de cada miembro, produce el crecimiento del cuerpo para su propia edificación en amor."*
>
> (Efesios 4:15-16, NBLA)

Lo anterior describe la visión que Dios tiene acerca de los lazos del alma entre los cristianos.

LAS RELACIONES TRAEN BENDICIONES O MALDICIONES ESPIRITUALES

Las relaciones que son según la voluntad de Dios nos unen de una manera invisible y nos dan la bendición de la cobertura de Dios y su unción espiritual. Anteriormente hemos mencionado como David expresa esta verdad en uno de sus salmos:

> *¡Cuán bueno y cuán agradable es*
> *que los hermanos convivan en armonía!*
> *Es como el buen aceite...*
> *Es como el rocío...*
> *Donde se da esta armonía,*
> *el Señor concede bendición y vida eterna.*
>
> (Salmo 133, NVI)

Entonces, si el Espíritu de Dios cubre y habita las relaciones piadosas, ¿qué espíritu cubre y habita las relaciones que se han basado en el abuso o la inmoralidad?

Las relaciones que están en la luz dan vida. Las relaciones que aún están en la oscuridad producen destrucción. Pablo escribe:

"Que nadie los engañe con argumentaciones vanas, porque por esto viene el castigo de Dios sobre los que viven en la desobediencia. Así que no se hagan cómplices de ellos. Porque ustedes antes eran oscuridad, pero ahora son luz en el Señor. Vivan como hijos de luz"
(Efesios 5:6–8, NVI)

Al mirar hacia atrás en los versículos anteriores, encontramos que la expresión "por esto vienen el castigo" se refiere al hecho de que Pablo está desafiando a los cristianos de Éfeso acerca de las relaciones que tienen entre ellos. Está hablando sobre las mentiras, el comportamiento airado, las palabras malsanas, la amargura, la falta de perdón y la inmoralidad que han sido parte de las vidas de aquellos a quienes escribe. Pablo está diciendo que cuando estas cosas permanecen sin resolver, las personas están participando en la oscuridad: el reino espiritual de Satanás, el gobernante de este mundo desobediente. Los lazos del alma pecaminosos son territorio enemigo.

LA NECESIDAD DE RECONOCER Y SOLTAR LOS LAZOS IMPÍOS

Jesús envió a los doce discípulos para que fueran de pueblo en pueblo proclamando las buenas nuevas del reino de Dios y ministrando sanidad y liberación a la gente. Él sabía que en unos lugares habría una recepción mixta y que en otros habría hostilidad al mensaje radical que estaban dando.

Jesús también les dijo que se esforzaran por liberarse de la contaminación de la relación con aquellos que eran hostiles a sus palabras.

"Si alguien no los recibe, ni oye sus palabras, salgan de aquella casa o ciudad, y sacúdanse el polvo de los pies."
(Mateo 10:14, RVC)

Qué interesante que Jesús animó a sus discípulos a reflexionar sobre las situaciones en donde la respuesta de la gente no había sido buena y a tener cuidado de no seguir adelante llevando las consecuencias espirituales de esa hostilidad.

De manera similar, debemos dejar que el Espíritu Santo nos ayude a reflexionar sobre las relaciones, cercanas o lejanas, cuyas consecuencias espirituales podemos estar cargando hasta hoy. La muerte de Jesús en la cruz aseguró la libertad de la esclavitud espiritual para toda la humanidad. El problema es que la mayoría de la gente no se detiene a recibir las palabras de Jesús, ni apropiarse de la libertad que él ofrece. Un discípulo es aquel que no solo sigue al maestro, sino que sobre todo sigue sus instrucciones.

No existe ninguna técnica para liberar a las personas de los lazos impíos del alma. Jesús dice que, a medida que vivamos de la manera que él ha enseñado, descubriremos la verdad sobre él y sobre nuestras necesidades, y así encontraremos la libertad que él ha provisto para nosotros:

«Si ustedes permanecen en mi palabra, serán verdaderamente mis discípulos; y conocerán la verdad, y la verdad los hará libres.»
(Juan 8:31-32, RVC)

La enseñanza de Jesús sobre las relaciones es clara, en cuanto a que nos hemos salido de los límites de Dios y debemos estar de acuerdo con él desde nuestro corazón y reconocer que nos hemos desviado. También debemos perdonar a los que nos han herido. Al comprender la verdad, confesar el pecado y perdonar a los demás, nos libramos de las relaciones pecaminosas, debido a lo que Jesús hizo en la cruz. Entonces por fe podemos recibir la libertad espiritual, por medio de la ruptura del vínculo invisible, es decir, el lazo del alma pecaminoso en la relación. Si no perdonamos a los demás, somos nosotros los que quedamos encadenados. Jesús lo explica claramente en la parábola del siervo despiadado que, habiendo recibido misericordia, no quiso extender esa misma misericordia a su deudor:

"Entonces el rey, enojado, envió al hombre a la prisión para que lo torturaran hasta que pagara toda la deuda. Eso es lo que les hará mi Padre celestial a ustedes si se niegan a perdonar de corazón a sus hermanos."

(Mateo 18:34-35, NTV)

Jesús terminó su obra en la cruz. Afirmó y cumplió cada promesa que Dios había hecho en su palabra, es decir, que el plan y el propósito de Dios es ofrecer la restauración para las vidas dañadas y arruinadas por el pecado de la humanidad. Para apropiarse de tal restauración y dar gloria a Dios, hombres y mujeres solo tienen que estar de acuerdo con Dios en que sus promesas a través de Jesús son verdaderas:

"Todas las promesas que ha hecho Dios son «sí» en Cristo. Así que por medio de Cristo respondemos «amén» para la gloria de Dios."

(2 Corintios 1:20, NVI)

La confesión es estar de acuerdo con Dios de que él tiene la razón. Este es el mejor lugar para empezar. A la manera de Dios y en su tiempo, la libertad vendrá inevitablemente.

RESUMEN

Aunque el término "lazo del alma" no aparece directamente en las Escrituras, el concepto de lazos invisibles (espirituales) en las relaciones es claramente evidente en toda la palabra de Dios. Explicar lo invisible siempre será difícil; explicar los efectos de lo invisible es a menudo más fácil para nosotros.

Si las circunstancias, incluyendo las relaciones del pasado están provocando que permanezcamos en contaminación espiritual, es importante comprender que se debe reconocer el pecado, seguir las instrucciones de Jesús a través del Espíritu Santo y apropiarnos de la libertad que Jesús ganó por nosotros en la cruz. Recibir las promesas de Dios produce plenitud en nosotros para su gloria.

En el próximo capítulo vamos a mirar con más detalle la maravillosa verdad de Jesús, quien vino para liberar a los cautivos. El enemigo busca devorar nuestras vidas; Jesús le quitó los dientes a este destructor.

8

⧜

Jesús libera a los cautivos

El que desata la esclavitud en nuestras vidas

EL CARÁCTER DE DIOS

Cualquier buen pastor que vea a una de sus ovejas atrapada en una cerca, hará todo lo posible para liberarla y devolverla al rebaño. Conoce bien que las ovejas son torpes y que frecuentemente se meten en dificultades, pero para el pastor, el deseo de ayudarlas supera con creces la frustración que siente porque sus ovejas constantemente se alejan de la seguridad del redil.

Jesús dice de sí mismo: Yo soy el buen pastor, con esta afirmación está declarando el carácter de Dios. En el centro de los propósitos de Dios está liberar a sus hijos del cautiverio, en la medida que ellos le responden. Por medio del profeta Isaías, Dios declara:

"Más bien, el ayuno que yo quiero es que se desaten las ataduras de la impiedad, que se suelten las cargas de la opresión, que se ponga en libertad a los oprimidos, ¡y que se rompa todo yugo!"

(Isaías 58:6, RVC)

A lo largo de las Escrituras hemos visto que se usa la palabra "yugo" para describir el lazo espiritual que puede existir en la vida de alguien a través del control pecaminoso por parte de otra persona. Dios ve las relaciones que nos han atrapado y dañado. A él le encanta liberarnos.

¿QUIÉN CORTA EL LAZO DEL ALMA?

Jesús es el libertador. Él es toda la verdad y toda la libertad. Mientras estaba colgado en la cruz, recuperó nuestra libertad espiritual mediante su muerte sacrificial. Solo Jesús es quien puede liberarnos del control espiritual que el enemigo ha ejercido sobre la humanidad y solo él fue quien lo hizo. Satanás aprovecha las oportunidades que le da la gente, con conocimiento o sin él, para enterrarles los dientes porque se han apartado de la protección de Dios. Pedro nos explica que Satanás emplea la misma táctica que un león que busca dispersar a la manada de animales para luego eliminar al que queda separado:

"Su enemigo el diablo ronda como león rugiente, buscando a quién devorar."

(1 Pedro 5:8, NVI)

¡Cuando Jesús te libera, realmente eres libre! Todo lo que él nos pide es que sigamos sus mandamientos en cuanto a la confesión de pecados, el arrepentimiento de creencias y comportamientos equivocados y perdonar a aquellos que han pecado contra nosotros. De esta manera, hacemos todo lo que está a nuestro alcance para dejar los aspectos equivocados de una relación. Entonces por fe, en el ámbito espiritual, podemos apropiarnos de algo muy extraordinario, soltar la parte errónea de la relación y también soltar a la persona. Jesús les explica a sus discípulos que esta será la consecuencia de seguir sus mandamientos:

> *"En verdad les digo, que todo lo que ustedes aten en la tierra, será atado en el cielo; y todo lo que desaten en la tierra, será desatado en el cielo."*
>
> (Mateo 18:18, NBLA)

En el próximo capítulo veremos más de cerca lo que debemos hacer para apropiarnos de la libertad de los lazos del alma impíos. Por ahora vamos a asegurarnos de entender todo lo que Jesús hizo para devolver la libertad a todos los que lo reciben y creen en él.

TODO SE TRATA DE JESÚS

Al comienzo de su ministerio, Jesús entró en la sinagoga y se levantó a leer las palabras de Isaías:

> *"Me ha enviado a proclamar libertad a los cautivos,*
> *a dar vista a los ciegos,*
> *a poner en libertad a los oprimidos..."*
>
> (Lucas 4:18, RVC)

Jesús afirmó que su misión era dar libertad y restauración para la humanidad. Sabía muy bien que, tanto hombres como mujeres estaban encadenados por su desobediencia a Dios. Para ser rescatados, necesitaban ver el problema espiritual y reconocer a Jesús como el único medio de escape de todo lo que había encarcelado sus vidas.

Solo hay dos reinos de autoridad espiritual sobre el ser humano, uno de estos es el que gobernará todos los aspectos de nuestra vida, incluyendo las actitudes de nuestro corazón, las palabras que decimos y todas las relaciones que tenemos. Jesús llama a su reino "luz", donde él es el Señor, y al otro "tinieblas", gobernado por Satanás. Estos dos reinos están claramente contrastados en la instrucción que le dio a Saulo en el camino a Damasco:

"Te envío a estos para que les abras los ojos y se conviertan de las tinieblas a la luz, y del poder de Satanás a Dios..."
(Hechos 26:17-18, NVI)

Es importante saber que estos reinos no tienen el mismo poder. Dios es el creador supremo de todas las cosas, pero el enemigo domina donde tiene derecho a operar. Cuando los primeros seres humanos decidieron pecar, es decir, seguir la dirección de Satanás en el jardín del Edén, entregaron autoridad espiritual al enemigo, por lo que se convirtió en el gobernador espiritual de este mundo. Por generaciones, los seres humanos han tomado decisiones equivocadas, sobre todo en el área de las relaciones con los demás y así continúan fortaleciendo el poder de Satanás.

No podemos cambiar las circunstancias pasadas de nuestra vida, pero Jesús quiere gobernar en todas y cada una de nuestras relaciones para llevarlas a un lugar de luz espiritual y libertad. Lo milagroso es que esto es posible, incluso para las relaciones incorrectas que ocurrieron al principio de nuestra vida. La libertad que Jesús ganó para nosotros mientras que estaba en la cruz, trasciende el tiempo. Al entregar su vida, sufriendo la agonía de la crucifixión,

Jesús completó la tarea de liberarnos del cautiverio de la oscuridad espiritual, en cada parte de nuestras vidas.

Pero ¿qué tenemos que hacer? ¡Sorprendentemente, muy poco! Veremos esto más adelante, pero se puede resumir así: tenemos que *estar de acuerdo con Jesús y recibir su libertad*.

Ya hemos mencionado que el autor de la carta a los Efesios, resume perfectamente la forma en que las relaciones se pueden desarrollar en un lugar de luz y libertad:

"Sométanse unos a otros en el temor de Cristo."

(Efesios 5:21, NBLA)

Anteriormente, también hemos visto que una relación verdadera siempre se trata de ceder. Es imposible tener una relación con alguien sin cierta medida de entrega de nuestra parte. Pero someter aspectos de quien soy a otra persona es arriesgado, porque me deja vulnerable al comportamiento del otro hacia mí. El único entorno realmente seguro para tener relaciones verdaderas es cuando nuestro sometimiento está cubierto por la autoridad espiritual de Jesús. Se debe recordar que la palabra "temor" en el versículo citado, significa sencillamente sometimiento espiritual.

Cuando Dios es la autoridad sobre una relación, el Espíritu Santo la cubre y da bendición, plenitud y libertad. El salmista lo expresa en el Salmo 133 que ya hemos citado en el capítulo anterior, cuando describe el derramamiento de aceite sobre el pueblo unido de Dios.

LIBRES PARA ESTAR UNIDOS CON CRISTO

Los lazos del alma impíos no solo nos mantienen mal atados a otras personas, sino que también nos impiden estar completamente unidos a Jesús. Como cualquier novio, Jesús es celoso y cuida de que su novia esté totalmente comprometida con él y no se desvíe hacia otras relaciones, incluso si es de manera inconsciente. Puede que no seamos conscientes de lo que nos aleja, pero Jesús sí sabe. Como ya hemos visto, las relaciones inmorales pueden alejar a las personas de un camino de intimidad con Cristo:

> *¿No saben que el que se une a una prostituta se hace un solo cuerpo con ella?... Pero el que se une al Señor se hace uno con él en espíritu.*
>
> (1 Corintios 6:16-17, NVI)

En la Biblia, la relación de pacto entre Dios y el cuerpo de Cristo se compara con una relación entre un hombre y una mujer enamorados que se van a casar. Dios ve a su pueblo como a una mujer adúltera cuando se ofrece y se une espiritualmente a otra pareja, particularmente en la adoración. El enemigo aprovechará cada oportunidad para alejarnos del novio a través de una adoración falsa o mediante los lazos del alma pecaminosos que están bajo su control. En cambio, las relaciones piadosas nunca compiten con nuestro caminar con Jesús, sino que son un medio de comunión corporativa con él.

LA RUPTURA DE UN LAZO DEL ALMA NO ES. . .

En algunas ocasiones, hemos tenido el caso de personas que vienen a nosotros buscando ayuda para arreglar sus vidas, el problema es que no entienden que Dios busca principalmente que entremos en una relación de pacto más profunda con él.

Al acudir a Jesús en busca de libertad de los lazos del alma impíos, es importante tener muy claro qué es lo que se está rompiendo. A continuación, enumeraremos algunas de las solicitudes que, aunque parezca extrañas, han sido hechas por personas que han acudido a los centros de Ellel.

Romper un lazo del alma no es:

- Una forma de deshacerse de las personas que no nos agradan.
- Una forma ordenada de deshacerse de un cónyuge no deseado.
- Una forma de fingir que una relación anterior no sucedió.
- Una forma aceptable de enterrar el pasado.
- Una forma de desconectarse de la autoridad divina.

También es importante aclarar que la ruptura de un lazo del alma pecaminoso no destruye la relación que es correcta, ni es una técnica para arreglar las cosas a nuestro gusto. Servimos a un Dios soberano que, por su gracia y a través de nuestra completa confianza en él, ha abierto un camino de libertad para que podamos conocer con mayor profundidad su amor por nosotros.

EL TEMA DE LOS LAZOS DEL ALMA EN EL MATRIMONIO Y EL DIVORCIO

Jesús nos recuerda que para que el matrimonio piadoso se establezca correctamente se requiere la libertad de los poderosos lazos familiares de la niñez. Luego Jesús explica que Dios mismo es el que une a los cónyuges en este pacto que es íntimo y único:

> Y agregó: *"Por esto el hombre dejará a su padre y a su madre, y se unirá a su mujer, y los dos serán un solo ser." Así que ya no son dos, sino un solo ser. Por tanto, lo que Dios ha unido, que no lo separe nadie."*
>
> (Mateo 19:5–6, RVC)

Hombres y mujeres no deben tratar de ejercer autoridad sobre

Dios en este asunto, pero la pregunta es: ¿Dios nos libera de la unión con un cónyuge anterior? ¡Oh, qué pregunta tan difícil es esta! Aunque sea difícil de enfrentar, la realidad es que, en todo el mundo innumerables cristianos han pasado por la dolorosa experiencia del divorcio y se han vuelto a casar o pueden estar deseando volver a casarse. ¿Cuáles son las consecuencias de esto en el área de los lazos del alma con los cónyuges pasados y presentes?

Claramente Dios odia el divorcio por la traición que a menudo se presenta y el daño muy profundo que causa a todos los involucrados:

> *«Yo aborrezco el divorcio —dice el Señor, Dios de Israel—, y al que cubre de violencia sus vestiduras», dice el Señor Todopoderoso. Así que cuídense en su espíritu, y no sean traicioneros.*
>
> (Malaquías 2:16, NVI)

Es importante recordar que el divorcio no es, principalmente, un documento legal, sino que es una actitud del corazón que de hecho puede ser traicionera y causar una separación invisible, mucho antes de que se hagan los documentos legales. Lo que Dios odia con tanta pasión es la actitud pecaminosa del corazón en el divorcio, aunque él no dice que el divorcio es un pecado imperdonable.

Sin embargo, Jesús sí dice que cuando un hombre toma la decisión de rechazar a su esposa para casarse con otra, incluso si tiene el documento legal, esto no trata con la unión espiritual que Dios había establecido:

> *"Les digo que, excepto en caso de inmoralidad sexual, el que se divorcia de su esposa, y se casa con otra, comete adulterio."*
>
> (Mateo 19:9, NVI)

En este mundo hay un progresivo menosprecio del valor del

pacto del matrimonio que está creando un enorme desorden en la sociedad, ya que se ignoran los mandamientos de Dios.

En el caso del matrimonio, simplemente decir que se ha cortado el lazo del alma no es la respuesta, porque lo que Dios unió previamente, no puede describirse como un lazo del alma pecaminoso que necesita romperse. Áreas específicas de esclavitud en la relación con un cónyuge anterior, donde por ejemplo se ha presentado abuso o control, ciertamente se puede tratar rompiendo los lazos del alma impíos. Sin embargo, lo que Dios ha unido a través del pacto matrimonial es algo mucho más profundo.

Muchos cristianos, con toda sinceridad, buscan volver a casarse después del divorcio. Para tratar el asunto de que Dios espiritualmente los libere de un matrimonio anterior, para luego establecer la unión en un nuevo pacto matrimonial, no se debe presumir de la autoridad que tienen los seres humanos para tratar estas cuestiones. Estos problemas solo pueden presentarse, con un corazón humilde, ante un Dios amoroso, para buscar su dirección con respecto a lo que es correcto y en referencia a todo lo que ha sucedido, incluidos los pecados de ambas partes.

Ante las circunstancias particulares del fracaso matrimonial y posterior divorcio, muchos cristianos comprometidos han creído que cuando presentaron humildemente el asunto ante Dios, él los liberó para entrar en un nuevo matrimonio. Nuestra intención al mencionar esto, de ninguna manera es trivializar la importancia del matrimonio o, del daño que produce el divorcio. Sin embargo, estos temas tan importantes del punto de vista de Dios sobre volver a casarse deben ser considerados con toda honestidad, buscando tener una comprensión completa de los caminos justos y verdaderos de un Dios misericordioso y redentor.

EL ROL DE UN DISCÍPULO DE JESÚS

Jesús es el libertador y el sanador. Sin embargo, claramente su deseo es delegar autoridad a sus discípulos, para que puedan dar libertad y plenitud a otros. Envió a los primeros doce con su autoridad y poder sobre el reino de las tinieblas:

> *"Reuniendo Jesús a los doce discípulos, les dio poder y autoridad sobre todos los demonios y para sanar enfermedades."*
>
> (Lucas 9:1, NBLA)

Dios ha elegido usar a los seguidores de Jesús para dar libertad a aquellos que están atados bajo la autoridad del enemigo. Esta libertad es una consecuencia del perdón de Dios: cuando hombres y mujeres reciben el perdón de Dios por su pecado, el enemigo pierde su derecho a mantenerlos bajo las consecuencias espirituales de ese pecado.

Jesús específicamente le delegó su autoridad a los discípulos para que ellos declaren el perdón de Dios y la libertad del pecado que esclaviza:

> *Y habiendo dicho esto, sopló y les dijo: «Reciban el Espíritu Santo. A quienes ustedes perdonen los pecados, les serán perdonados; y a quienes no se los perdonen, no les serán perdonados.»*
>
> (Juan 20:22-23, RVC)

Él dijo esto mientras se preparaba para regresar al Padre. Después de su partida, la plenitud del Espíritu de Dios vendría sobre los discípulos para darles, no solo la autoridad sino también el poder, con el fin de entrar en la batalla espiritual como testigos de Jesús.

Dios ha ordenado que su cuerpo en la tierra ejerza autoridad y poder legítimos sobre el reino de las tinieblas, a medida que la vida de las personas, incluidas sus relaciones, pasan a estar bajo el señorío y la cobertura de Jesús. En el caso de que seamos dirigidos y habilitados por el Espíritu Santo, podemos proclamar la libertad del control que el enemigo tiene sobre la vida de alguien a través de las relaciones pecaminosas. Por supuesto, la persona que recibe la liberación debe estar dispuesta a obedecer a Dios con respecto a todos los aspectos pecaminosos de esa relación. Lo que Dios recupera espiritualmente en la vida de una persona es puesto en libertad y es restaurado.

En el cuerpo de Cristo, en unas ocasiones recibiremos la libertad de Dios a través de los dones del Espíritu Santo que operan en nuestros hermanos y hermanas, y en otras ocasiones ellos recibirán la libertad a través de los dones del Espíritu que operan en nosotros. El Espíritu Santo distribuye sus dones en el cuerpo de la manera correcta:

"Todo esto lo hace un mismo y único Espíritu, quien reparte a cada uno según él lo determina."

(1 Corintios 12:11, NVI)

RESUMEN

Jesús vino para liberarnos del cautiverio espiritual y también para sanarnos de los daños que hay en cada área de nuestra vida. Dios siempre ha estado decidido a reconciliarnos con él, para darnos la paz y la plenitud de estar en una verdadera relación con él. Una de las formas en que hemos quedado cautivos es a través de los lazos invisibles que nos mantienen espiritualmente unidos en relaciones pecaminosas.

No podemos pretender tener la sanidad de Dios independientemente de nuestra relación con él, ya que es una manifestación de su gracia para aquellos que eligen depender plenamente de Jesús. En la cruz, Jesús cumplió las promesas que Dios había hecho, de libertad y restauración. Él ha dado autoridad y poder al cuerpo de creyentes aquí en la tierra, tanto para recibir como para dar sanidad integral a las personas, en su espíritu, su alma y su cuerpo:

> *"Sanen a los enfermos, resuciten a los muertos, limpien de su enfermedad a los que tienen lepra, expulsen a los demonios. Lo que ustedes recibieron gratis, denlo gratuitamente."*
>
> (Mateo 10:8, NVI)

Ahora veremos con más detalle lo que debemos hacer para recibir la libertad de Dios de las ataduras del alma impías. En Isaías 58:9 leemos esta maravillosa promesa de Dios: *"Entonces cuando ustedes llamen, el Señor les responderá..."* Pero tenemos que hacer nuestra parte: *"Levanten el pesado yugo de la opresión..."* (NTV).

9

¿Qué debo hacer?

¿Cómo me puedo apropiar de la libertad de Dios?

DIOS BUSCA UNA RESPUESTA

La verdad del plan de Dios para la salvación de la humanidad es que él ha decidido hacer todo lo necesario para nuestra restauración. Dios describe su corazón como el de un pastor bondadoso que busca en los lugares ocultos donde sus ovejas han sido dispersadas y atrapadas.

Al alejarnos de la protección de Dios, las ataduras son una forma por medio de la que podemos quedar atrapados. Anteriormente hemos mencionado que las ovejas son muy conocidas porque se quedan atrapadas en arbustos espinosos y en cercas; quedan indefensas a menos que la mano fuerte del pastor los desate. En Ezequiel 34:11-12, Dios promete que asumirá el papel de pastor para su pueblo:

> *"Esto dice el Señor Soberano: yo mismo saldré a buscar a mis ovejas y las encontraré. Seré como un pastor que busca al rebaño esparcido. Encontraré a mis ovejas y las rescataré de todos los lugares por donde quedaron esparcidas ese día oscuro y nublado."*
>
> (NTV)

Jesús es el cumplimiento de todas las promesas de Dios de liberar a sus hijos. Jesús pudo declarar en la cruz: "¡Toda está cumplido!". Sin embargo, hay una respuesta que es necesaria y que debe provenir de nosotros. Tenemos que estar de acuerdo con los mandamientos de Dios para que la promesa de libertad se haga una realidad en nuestros corazones. Cuando nos damos cuenta del pecado, que nosotros hemos cometido o que otros han cometido hacia nosotros en algún aspecto de la relación, si realmente elegimos estar de acuerdo con Dios, el asidero del enemigo se rompe y la sanidad puede suceder. El apóstol Juan explica que este es el propósito por el cual vino Jesús:

> *"El que practica el pecado es del diablo, porque el diablo ha pecado desde el principio. El Hijo de Dios se manifestó con este propósito: para destruir las obras del diablo."*
>
> (1 Juan 3:8, NBLA)

¿QUÉ DEBO HACER?

Cuando una de las ovejas queda atrapada en algo, el pastor hace todo lo necesario para liberarla y regresarla con el resto del rebaño. Lo único que las ovejas tienen que hacer es aprender a conocer la voz del pastor y dejarse sostener por sus manos. Si las ovejas conocen la voz de su pastor, evitarán ser capturadas por ladrones que buscan su propio beneficio. Dejarse sujetar de las manos del verdadero pastor es la única manera de que las ovejas puedan ser desatadas de forma segura, de cualquier cosa que las haya atrapado. También es así para nosotros los hijos de Dios. Jesús, el buen pastor ha ganado nuestra libertad, pero para recibirla debemos responder a su voz y también a su deseo de ser el Señor de cada parte de nuestro ser.

Sin embargo, la realidad es que cuando estamos atrapados en relaciones erróneas, no siempre estamos dispuestos a ceder a lo que Dios nos está diciendo acerca de la situación. Cuando Dios nos muestre que necesitamos su ayuda para corregir o enderezar algún aspecto de nuestras vidas, confiamos en que nuestra respuesta sea la misma de aquellos que escucharon a Pedro, cuando habló sobre la verdad de Jesús, el día de Pentecostés:

> *"Las palabras de Pedro traspasaron el corazón de ellos, quienes le dijeron a él y a los demás apóstoles: —Hermanos, ¿qué debemos hacer?"*
>
> (Hechos 2:37, NTV)

Cuando Dios nos muestra las implicaciones de las relaciones incorrectas, ya sean presentes o pasadas, ¿qué podemos hacer para corregir las cosas? Debido a que la esclavitud espiritual está fuera de los límites del tiempo, ahora mismo podemos buscar la libertad de cualquier relación del pasado o del presente, que hasta hoy nos ha mantenido atados. Ya hemos explicado que si hemos tenido relaciones que están fuera de la voluntad de Dios, esto todavía nos puede estar afectando porque estamos atados en un yugo pecaminoso que produce distorsión y oscuridad.

Dios sabe cómo fue que en el pasado quedamos atados en relaciones dañinas y cómo éstas son como un yugo que irrita y hiere "la piel" de nuestras almas. El deseo de Dios siempre ha sido que su pueblo esté libre de tales cosas. El control indebido que algunos quieren ejercer por medio del abuso de la autoridad sobre las personas es un antiguo problema que Dios está decidido a corregir. Para él, esto es más importante que cualquier forma de ritual religioso:

> *"¿No es este el ayuno que Yo escogí:*
> *Desatar las ligaduras de impiedad,*
> *Soltar las coyundas del yugo,*
> *Dejar ir libres a los oprimidos,*
> *Y romper todo yugo?"*
>
> (Isaías 58:6, NBLA)

¿CÓMO NOS APROPIAMOS DE LA LIBERTAD?

A lo largo de este libro hemos dicho que, por medio de la muerte de Jesús en la cruz, Dios cumplió su promesa de liberarnos del cautiverio espiritual. En la cruz Jesús desarmó al enemigo de toda su autoridad sobre la humanidad. Pablo escribe:

> *[Jesús] les ha dado vida juntamente con él... ha anulado el acta de los decretos que había contra nosotros y que nos era adversa; la quitó de en medio y la clavó en la cruz. Desarmó además a los poderes y las potestades, y los exhibió públicamente al triunfar sobre ellos en la cruz.*
>
> (Colosenses 2:13-15, RVC)

Lamentablemente, la mayoría de las personas en este mundo han optado por ignorar lo que Jesús hizo por ellas. ¡Nosotros, como cristianos, podemos elegir de otra manera! Para establecer el gobierno de Jesús, en oposición al gobierno de los poderes de las tinieblas, sobre cualquier parte de nuestras vidas, debemos estar completamente de acuerdo con quién es Jesús y con todo lo que él dice. Si no nos sometemos a sus mandamientos no estamos bajo su autoridad, por lo tanto, su autoridad no es eficaz para nuestra libertad.

Los mandamientos de Jesús se dividen en dos categorías; en el argot militar, estos podrían describirse como las órdenes permanentes y las órdenes diarias. Para responder a la pregunta "¿Qué debo hacer?" Primero debemos seguir las órdenes permanentes de Jesús, las que enseñó a sus discípulos mientras estaba en este mundo. Las órdenes permanentes serían cosas como perdonar a la persona que nos ha lastimado en una relación y arrepentirse de tener malos pensamientos sobre ella.

Las órdenes diarias serían, por ejemplo, que Dios nos está animando a confesarle a otro hermano o hermana cristiano que tenemos una relación equivocada específica y que el Señor nos convenció de nuestro pecado. De esta manera obedecemos las instrucciones dadas por el apóstol Santiago:

> *"Por tanto, confiésense sus pecados unos a otros, y oren unos por otros para que sean sanados."*
>
> (Santiago 5:16, NBLA)

Si estamos listos para escuchar, el Espíritu Santo específicamente nos dirigirá y nos recordará cómo seguir los mandamientos de Jesús. Él nos mostrará cómo apropiarnos de la libertad que Jesús ganó por nosotros en la cruz. No existe una técnica, pero ciertamente hay principios que podemos aplicar.

ENCONTRAR AYUDA EN EL LUGAR CORRECTO Y CON LAS PERSONAS CORRECTAS

Es bueno trabajar el problema o el asunto con un par de cristianos en quienes confiamos. Esto puede ser en su iglesia o en otro lugar donde hermanos cristianos estén sirviendo al cuerpo de Cristo, en el ministerio de sanidad. Alejarse de la rutina del trabajo y la familia durante un par de días también ayuda. Las organizaciones cristianas como Ellel Ministries International brindan lugares seguros para tratar asuntos personales con el acompañamiento de aquellos que entienden los principios involucrados en cuestiones como los lazos del alma. El pastor de su iglesia debe ser el que le recomiende a donde ir.

Estar de acuerdo con dos o más es muy poderoso para buscar la dirección de Dios en el proceso de sanidad. Jesús envió a sus discípulos de dos en dos para proclamar el reino de Dios y llevar sanidad a los que visitaban:

> *"Después de esto, el Señor eligió a otros setenta y dos, y de dos en dos los envió delante de él a todas las ciudades y lugares a donde él tenía que ir."*
>
> (Lucas 10:1, RVC)

De la misma forma, Jesús animó a sus seguidores a buscar su dirección de dos en dos y de tres en tres. El acuerdo mutuo y con el Espíritu Santo es la mejor manera de garantizar que estamos siguiendo las órdenes diarias del "Comandante en Jefe":

> *"Una vez más les digo, que si en este mundo dos de ustedes se ponen de acuerdo en lo que piden, mi Padre, que está en los cielos, se lo concederá. Porque donde dos o tres se reúnen en mi nombre, allí estoy yo, en medio de ellos."*
>
> (Mateo 18:19-20, RVC)

Recuerde, el Espíritu Santo ama y anhela impartir las instrucciones de Jesús a grupos de creyentes, dándoles diferentes dones a cada uno para que juntos encuentren que Dios los capacita en todo.

"pero todo esto lo hace uno y el mismo Espíritu, que reparte a cada uno en particular, según su voluntad."

(1 Corintios 12:11, RVC)

Fervientemente debemos desear recibir los dones que del Espíritu Santo nos quiera dar específicamente, para la presente tarea. Al orar por sanidad constantemente se necesita la sabiduría fresca, el conocimiento, la fe, el discernimiento y el poder de Dios si se quiere tomar el territorio espiritual del enemigo.

En las relaciones, un lazo del alma pecaminoso es un lugar de autoridad espiritual del enemigo. Liberarse de estas ataduras significa remover esa autoridad. En el caso que el enemigo se haya apoderado de algún territorio en nuestra vida, Dios quiere que nos pongamos de acuerdo con él, en que toda autoridad le ha sido dada a Jesús y que el enemigo no tiene derecho a aferrarse a los verdaderos seguidores de Jesús. Dios está buscando a aquellos que estén dispuestos a decirle al enemigo: "¡Suéltalo!". Pero no siempre ha habido personas que estén dispuestas a actuar según las órdenes de Dios y, como resultado, con demasiada frecuencia el pueblo de Dios ha sido saqueado por el diablo:

"Pero este es un pueblo saqueado y despojado,
Todos están atrapados en cuevas,
O escondidos en prisiones.
Se han convertido en presa sin que nadie los libre
Y en despojo sin que nadie diga: «Devuélvelos»."

(Isaías 42:22, NBLA)

A través de Cristo Jesús, podemos ser los que soltarán el control del enemigo sobre la vida de otros creyentes, según el Espíritu Santo nos dirija y capacite. Jesús completó su obra en la cruz; pero cómo le encanta ver a sus discípulos ejercer su autoridad sobre el enemigo para asegurar otra victoria en la vida de un creyente.

PASOS PARA ORAR POR LA LIBERTAD DE LAS ATADURAS

Supongamos que Dios le está diciendo que esta es una buena oportunidad para tratar con algunas relaciones que no han sido del todo correctas y que se han apoderado indebidamente de su vida. Supongamos que en frente suyo tiene a dos personas en las que confía para que lo acompañen y ayuden a través de la oración y que también tiene el permiso de su pastor.

A medida que el Espíritu Santo dirige a los tres y les imparte los dones que puedan necesitar, la oración puede tomar diferentes formas. A continuación, se enumeran los pasos a seguir que le pueden servir. Estos pasos brindan un resumen de los principios que se deben considerar en cada etapa de la ministración, junto con algunas citas bíblicas relevantes, que hemos visto en este libro.

También es importante que haga declaraciones y oraciones que confirmen que el deseo de su corazón es verdaderamente la libertad en Cristo. En cada paso hay una oración sugerida a manera de ejemplo, que se puede decir. Hay espacios en blanco para nombres u otras cosas personales. Si quiere decir algo similar a lo que está escrito usando sus propias palabras, que salen del fondo de su corazón, sería mucho mejor.

1. ¿A QUÉ RELACIÓN SE ESTÁ REFIRIENDO DIOS?

Sea claro acerca de la relación que Dios quiere sacar a la luz y reconozca lo que Dios le está mostrando que está mal en la relación. La responsabilidad del pecado puede ser suya, de la otra persona o de ambas. El Espíritu Santo debe convencernos de pecado para que podamos aceptar que la relación tiene elementos pecaminosos. No puede ser la idea de otra persona.

No importa si la relación o el hecho ocurrió hace muchos años. Si hoy estamos reconociendo las cosas como Dios las ve, podemos someterlas bajo el señorío de Jesús y recibir la libertad al obedecer sus mandamientos. Jesús dijo:

«Si ustedes permanecen en mi palabra, serán verdaderamente mis discípulos; y conocerán la verdad, y la verdad los hará libres.»
(Juan 8:31-32, RVC)

Oración sugerida:

Padre Dios, reconozco que la relación que (tengo) tuve con (nombre a la persona) _____________ no (está) estuvo bien. Estoy de acuerdo contigo en que (está) estuvo mal porque (sea específico) ___________________.

2. ¿HE PECADO EN ESTA RELACIÓN?

Confiese su responsabilidad personal por todos los aspectos pecaminosos de la relación. ¿Permitió que la relación se saliera de los límites correctos dados por Dios? ¿Se sometió a la otra persona en una manera incorrecta? ¿Se unió emocional o sexualmente a alguien y ahora puede entender que no era lo que Dios quería para usted? Recuerde que la confesión es estar de acuerdo con Dios sobre algo que él siempre ha sabido. Él ha estado esperando pacientemente para que usted vea las cosas a su manera y lo pueda limpiar. La promesa es que:

"Si confesamos nuestros pecados, Él es fiel y justo para per-donarnos los pecados y para limpiarnos de toda maldad."

(1 Juan 1:9, NBLA)

Oración sugerida:

Padre Dios, confieso que pequé en esta relación porque (sea específico) _________________. Me arrepiento y te pido perdón por todas las formas en que dejé que esta relación se apoderara de mi vida. Por medio de Jesús, mi Salvador, por favor perdóname y límpiame de todo lo que no está bien.

3. ¿QUIÉN NECESITA SER PERDONADO?

Perdone a aquellos que lo abusaron, controlaron, intimidaron, engañaron o que de alguna manera se relacionaron equivocadamente con usted, reteniéndolo (consciente o inconscientemente) en un yugo que de cualquier forma ha distorsionado o herido su vida. Re-cuerde, el perdón no significa que lo que sucedió no es importante o que la otra persona no es culpable. Significa que estamos haciendo lo que Jesús nos ha mandado que hagamos: primero, no tener nada en contra de ellos y segundo, dejar que sea Dios el que solucione la injusticia de lo que sucedió:

"Y cuando estén orando, si tienen algo contra alguien, perdó-nenlo, para que también su Padre que está en el cielo les perdone a ustedes sus pecados."

(Marcos 11:25, NVI)

Oración sugerida:

Padre Dios gracias por perdonarme. Ahora elijo per-donar a (nombre a la persona) _________________ por pecar contra mí en esta relación, en especial por su pecado de (sea específico) _____________________. En el nombre de Jesús.

4. ES HORA DE SOLTAR

Elija soltar, dejar ir y alejarse de cada cosa que haya sido un agarre pecaminoso de la relación sobre usted. Esto puede implicar acciones para cambiar comportamientos e incluso renunciar a la propiedad de elementos que podrían perpetuar equivocadamente la relación. Recuerdo a una joven, a la que Dios claramente instó a deshacerse de un anillo que le había dado su abuela, de forma muy manipuladora, quien era muy dominante. En el ámbito espiritual, a veces nuestros actos hablan con más claridad que nuestras palabras. Jesús enseñó a sus discípulos:

"Si alguien no los recibe, ni oye sus palabras, salgan de aquella casa o ciudad, y sacúdanse el polvo de los pies."

(Mateo 10:14, RVC)

Oración sugerida:

Padre Dios, ahora declaro que libero completamente a (nombre a la persona) ___________________ en la libertad de mi perdón y elijo soltarme y alejarme de todos los apegos equivocados que esta relación ha tenido sobre mí. Elijo sacar a la luz cada aspecto de esta relación y someterla bajo la autoridad de Jesús.

5. ROMPER LAS ATADURAS

Jesús nos dice: *"todo lo que desaten en la tierra, será desatado en el cielo."* (Mateo 18:18 NBLA). Los derechos del enemigo son eliminados cuando nos arrepentimos, confesamos nuestros pecados, pedimos perdón y perdonamos, entonces el dominio del enemigo no tiene más autoridad sobre la relación impía. Por medio de la fe en Jesús y su victoria sobre las obras del enemigo podemos reclamar la ruptura de la atadura invisible que ha unido espiritualmente nuestra alma a la otra persona.

Oración sugerida:

Ahora suelto por completo esta relación impía. Por la fe en Jesús y su victoria en la cruz sobre toda autoridad del enemigo, ahora proclamo que esta atadura entre (nombre a la persona) ____________________ y yo se **rompe** en el nombre de Jesús. Amén.

6. RECIBIR LA SANIDAD DE DIOS PARA EL ALMA

Restaurar las heridas del alma. En el caso de los animales que han estado bajo un yugo pesado, seguramente necesitarán atención en la parte de su cuerpo donde el yugo estaba presionando. En nuestro caso, las ataduras nos han empujado y tirado causando heridas en la mente, la voluntad y las emociones. El deseo de Dios es restaurar nuestra alma y brindarnos descanso y paz. Establecer la autoridad de Jesús como nuestra cobertura espiritual sobre un área de nuestra vida, devuelve esa parte de nosotros a la rectitud con Dios y los lugares dañados de nuestra alma pueden ser restaurados por él, porque nos ha prometido:

> *"Carguen con mi yugo y aprendan de mí, pues yo soy apacible y humilde de corazón, y encontrarán descanso para su alma."*
>
> (Mateo 11:29, NVI)

No se sorprenda si hay sentimientos de enojo y lágrimas. Soltar las ataduras del alma puede exponer dolor dentro de nosotros. Las relaciones incorrectas pueden causar un inmenso dolor en el corazón.

Oración sugerida:

Padre Dios, a través de Jesucristo, entrego voluntariamente toda mi alma a tu señorío y recibo sanidad y paz en todas las partes que han sido heridas y atribuladas por esta relación. Gracias por restaurar mi mente, mi voluntad y mis emociones. Entrego a Jesús todos los sentimientos de miedo, rabia, tristeza y vergüenza.

7. RECIBIR LA RESTAURACIÓN DE DIOS PARA EL ESPÍRITU HUMANO

Cuando las relaciones importantes han estado fuera de los límites de Dios pueden generar daño profundo. La adoración equivocada, la actividad sexual pecaminosa, la traición y el abuso, violan y hieren el espíritu humano. En Malaquías 2:15 (RVC) leemos:

"Así que tengan cuidado con su propio espíritu, y no sean desleales con la mujer de su juventud."

Por lo general, la gente sabe en su corazón cuando una relación sexual pecaminosa o una relación abusiva les ha afectado de manera profunda. En ocasiones incluso pueden sentir la presencia invisible e íntima de la otra persona, muchos años después. Pueden sentir como si algo de su propia identidad se hubiera perdido y estuviera aplastado o contaminado.

Las relaciones sexuales, dentro de los límites de Dios, están diseñadas para unir profundamente a dos personas, de tal forma que la intimidad física refleja la intimidad espiritual. Como Pablo enseña en 1 Corintios 6:16, la unión sexual pecaminosa también une a las personas trayendo como resultado esclavitud duradera en oposición al gozo que se produce cuando la unión es correcta:

> *¿No saben que el que se une a una prostituta se hace un solo cuerpo con ella?*
>
> (1 Corintios 6:16, NVI)

Como vimos en el capítulo 5, en este versículo la palabra "une" se traduce más correctamente como "pega".

En tales relaciones es útil pedirle a Dios que separe correctamente su espíritu humano y el espíritu humano de la otra persona, y que restaure la integridad en cada parte de su ser. Solo Dios puede ver y tratar por completo con la violación de su corazón causada por la transgresión espiritual de la otra persona. A través de la confesión y el perdón puede acercarse a Dios y pedirle que lo limpie de toda contaminación en su espíritu, su alma y su cuerpo. Pablo nos urge:

> *"...limpiémonos de toda contaminación de carne y de espíritu, y perfeccionémonos en la santidad y en el temor de Dios."*
>
> (2 Corintios 7:1, RVC)

Podemos pedirle a Dios que nos dé citas bíblicas sobre el tema, que restauren las heridas profundas en el espíritu humano.

Oración sugerida:

Dios Padre, tú conoces el efecto que esta relación pecaminosa ha tenido en mi espíritu humano. A través de Jesús, mi Señor, te pido que limpies mi espíritu, mi alma y mi cuerpo de toda contaminación y me devuelvas la integridad de cada parte de mi ser. Por favor saca de mí cualquier parte de (nombre a la persona) _______________________ que se unió pecaminosamente a mí.

8. DESATAR LOS LAZOS DEL ALMA PECAMINOSOS DESPUÉS DE LA MUERTE

Anteriormente hemos discutido que pueden existir lazos del alma impíos con aquellos que han muerto, porque el espíritu humano de una persona no muere con la muerte física. En la parábola del rico y Lázaro, Jesús relata:

> *"Sucedió que murió el pobre y fue llevado por los ángeles al seno de Abraham; y murió también el rico y fue sepultado. En el Hades el rico alzó sus ojos..."*
>
> (Lucas 16:22-23, NBLA)

El enemigo puede mantenerlo en esclavitud por medio de una atadura con alguien que ya ha muerto, si tuvo una relación pecaminosa con dicho individuo antes de su muerte. Este asunto se trata como cualquier otra relación, siguiendo los pasos que ya se explicaron, pero teniendo cuidado durante las oraciones de no entablar ningún tipo de diálogo con la persona fallecida.

También podría existir una atadura con el espíritu humano de una persona muerta:

(a) Si estuvo estrechamente relacionado con la persona, de forma voluntaria o involuntaria, y dicha persona tuvo una muerte prematura, por ejemplo: por un accidente, por un aborto espontáneo o provocado. Génesis 4:11 narra cómo Caín quedó bajo maldición porque asesinó a su hermano:

> *"Ahora pues, maldito eres de la tierra, que ha abierto su boca para recibir de tu mano la sangre de tu hermano."*
>
> (NBLA)

(b) Si ha buscado aferrarse al difunto de forma pecaminosa, por ejemplo, por medio de rituales, espiritismo o culto ancestral. Deuteronomio 18:11-12 (NBLA) dice claramente: *"...quien consulte a los muertos... cualquiera que hace estas cosas es abominable al Señor."*

Con cualquiera de estas ataduras alrededor del tema de la muerte, pero en especial con el aborto espontáneo o provocado, se puede necesitar de liberación específica, como se explica a continuación en el paso 9. Por ejemplo, espíritus inmundos de muerte pueden estar contaminando el útero.

Recuerde que, en el momento de su muerte Jesús entregó su espíritu a la autoridad del Padre: *"¡Padre, en tus manos encomiendo mi espíritu!"* (Lucas 23:46). Este es un buen modelo que seguir para asegurarnos de entregar correctamente bajo la autoridad de Dios, a cualquier persona que ha muerto, con la que teníamos una relación cuando estaba viva.

Oración sugerida:

Padre, tú sabes cómo me he sentido por la muerte de (nombre a la persona) _____________________. Ahora elijo encomendar y liberar completamente su espíritu bajo tu autoridad. Por favor límpiame de toda contaminación relacionada con su muerte y de cualquier lazo pecaminoso que la relación todavía tenga sobre mí.

9. EXPULSAR EL PODER DEMONÍACO

Si tiene la sensación de que se ha ejercido poder demoníaco a través de la atadura, ordénele al espíritu o a los espíritus inmundos que se vayan. Dependiendo de la naturaleza de la relación, estos podrían ser espíritus de miedo, control o perversión sexual, por ejemplo.

Recuerde que echar fuera un espíritu inmundo no es orar: es ejercer la autoridad que tenemos en Cristo para mandar y expulsar a los poderes de las tinieblas, bajo la unción del Espíritu Santo. Jesús usó órdenes simples para expulsar espíritus inmundos, ejerciendo su autoridad legítima y resistiendo cualquier intento del espíritu de controlar la situación. Por ejemplo, en la historia relatada en el primer capítulo del evangelio de Marcos, Jesús simplemente reprendió al espíritu y le ordenó: *«¡Cállate, y sal de él!»* (Marcos 1:25, NBLA).

Sugerencia para echar a los espíritus:

Me dirijo a los poderes de las tinieblas, en especial al espíritu de (nombre de las áreas de esclavitud) _____________________, que ha usado la oscuridad de esta atadura para traer esclavitud en mi vida. Bajo la autoridad de Jesucristo, mi Señor, le ordeno que se calle y salga ahora mismo.

Se recomienda que esta orden la dé uno de los hermanos cristianos que lo acompañan, usando las palabras sugeridas o algo similar.

RESUMEN

Jesús venció por completo la autoridad que Satanás tenía para mantener a la humanidad atada en oscuridad espiritual por medio de relaciones pecaminosas. Aunque Jesús terminó su obra en la cruz, Dios espera que cada uno de nosotros respondamos al entendimiento que él nos da sobre el cautiverio espiritual que afecta el espíritu, el alma y el cuerpo. Al ponernos de acuerdo con él acerca de nuestro pecado, lo cual implica perdonar al que nos ofende, podemos apropiarnos de la libertad interior y de la restauración que el Señor ganó por nosotros.

El rompimiento de las ataduras no es una técnica de sanidad que podamos manipular. Es un lugar de libertad muy real y hermoso para los seguidores de Jesús. Depende por completo de la misericordia y de la gracia de Dios a través de la obra de Jesús en la cruz, cuando nos acercamos confiadamente a él.

No tiene sentido recibir la libertad que Jesús nos da, si no actuamos con cuidado en nuestras relaciones actuales y futuras. Veamos cómo caminar en libertad.

Manténgase libre

Desarrollando relaciones piadosas

PREGUNTAS FINALES SOBRE LOS LAZOS DEL ALMA

En este último capítulo vamos a considerar algunas preguntas finales sobre los lazos del alma y luego vamos a mirar cómo el Señor quiere que tengamos relaciones piadosas de aquí en adelante. Las buenas relaciones hacen crecer lazos piadosos que nutren nuestras vidas y nos dan libertad para fortalecer la identidad con la que Dios nos creó.

A través de los años que llevamos buscando la dirección del Señor para ayudar a los que están en necesidad, nos han hecho muchas preguntas sobre este principio de sanidad. Esperamos que este libro las haya respondido en su mayoría. A continuación, presentamos unas preguntas finales que intentaremos responder:

P. Cuando se corta un lazo del alma pecaminoso con alguien, con quien se ha tenido una relación incorrecta ¿qué efecto tiene en la otra persona?

R. Cuando soltamos a las personas a las que estábamos atados, por medio del perdón y la ruptura del lazo del alma pecaminoso, somos nosotros los que salimos de la oscuridad espiritual. Lo que pase en la vida de las otras personas y su relación con Dios es responsabilidad de ellos. Sin embargo, hemos escuchado muchos testimonios de personas que dicen que después de que recibieron oración, también notaron respuestas positivas en la otra persona (aunque no tenían ningún conocimiento de la oración), como si se hubieran dado cuenta de que también algo significativo y nuevo ha sucedido en sus vidas.

P. Cuando veo relaciones incorrectas entre mi familia y amigos, ¿puedo orar para que se rompan los lazos del alma impíos?

R. Cada persona es responsable de sus propios pecados y cada uno debe tratarlos ante el Señor. Sin embargo, nuestras oraciones de intercesión, en acuerdo con la voluntad de Dios, proclamando que él quiere liberarlos, pueden ser muy efectivas para ayudar a eliminar la ceguera espiritual que obstaculiza su sanidad.

P. Cuando se corta un lazo del alma pecaminoso, ¿siempre voy a sentir algo?

R. Con frecuencia, la persona que ha sido liberada de una atadura lo sabrá de inmediato. En otras ocasiones, se experimentará un cambio progresivo en su bienestar personal. También es bastante común que después de que se corta el lazo del alma pecaminoso, la persona se conecta con las heridas emocionales de la relación. Dios quiere sanar estas heridas emocionales, pero va a tomar tiempo.

P. ¿Se pueden cortar los lazos del alma con organizaciones pecaminosas?

R. Supongamos que nos hemos sometido a la autoridad de una organización pecaminosa, por ejemplo: un grupo de terapia de la Nueva Era, o una empresa que nos ha empleado y de la cual, ahora podemos reconocer que usa control pecaminoso y otras prácticas incorrectas. Después de confesar cualquier tipo de participación incorrecta por nuestra parte, es muy importante proclamar la ruptura de todos los lazos invisibles con los compañeros de trabajo, jefes, líderes, etc. y con todo lo que ha tenido un dominio espiritual impío sobre la organización y, por lo tanto, sobre nosotros.

P. ¿Cuándo Jesús estuvo en la tierra, alguna vez cortó los lazos del alma entre personas?

R. Según los relatos bíblicos, cuando Jesús liberó a la gente de la esclavitud espiritual usó pocas palabras, pero lo hizo con enorme poder y autoridad. Por ejemplo, cuando Jesús liberó a la mujer del castigo por su pecado de adulterio (Juan, capítulo 8), primero desarmó al enemigo (que la estaba acusando a través de la gente alrededor) y luego eliminó todo el dominio de la oscuridad sobre la vida de la mujer, que había venido como resultado de la relación pecaminosa, usando estas palabras llenas de poder: *"Tampoco yo te condeno. Ahora vete, y no vuelvas a pecar".* De esta manera, se rompió toda atadura espiritual de esclavitud con el incidente y con la pareja sexual. La mujer quedó libre para seguir adelante con su vida.

Cuando oramos por otras personas y proclamamos la libertad de un lazo del alma pecaminoso, de hecho, estamos usando el mismo principio que Jesús usó con la mujer sorprendida en adulterio al decir algo así: *"Por medio de Jesús, eres perdonado/a y el enemigo ya no tiene derecho a usar la oscuridad de la relación para mantenerte en esclavitud.*

Ya no estás bajo condenación. Eres libre, pero debes tener cuidado en las relaciones futuras".

CAMINANDO EN LIBERTAD Y SANTIDAD

Hemos mirado el pasado, pero ¿cómo mantenemos los estándares de Dios para las relaciones de ahora en adelante?

Hay un problema con las relaciones en el reino de Dios. Dios quiere que nos sometamos unos a otros. Pero para muchos de nosotros, cuando nos hemos sometido a otros nos han herido y abusado, por lo que fácilmente llegamos a la conclusión de que es mejor mantener la distancia.

Sin embargo, el apóstol Pedro nos recuerda que en Cristo hay un nuevo "Guardián de nuestras almas":

"Pues ustedes andaban descarriados como ovejas, pero ahora han vuelto al Pastor y Guardián de sus almas."

(1 Pedro 2:25, NBLA)

Podemos confiarle nuestras relaciones a él. Pero debemos tener cuidado en qué medida nos entregamos en una relación y ciertamente debemos tener cuidado con quién nos relacionamos. Incluso Jesús no confiaba en todos los que lo rodeaban:

"Pero Jesús mismo no se fiaba de ellos, porque los conocía a todos"

(Juan 2:24, RVC)

Jesús aceptó y amó incondicionalmente a todos. También perdonó a todos los que lo maltrataron. Sin embargo, el grado de intimidad en la relación era diferente con cada uno de los que lo rodeaban, incluso entre los discípulos. A veces, solo llevó a ciertos discípulos para ciertas situaciones. También sabemos que tenía una amistad especial con Juan.

Estos principios que Jesús demostró son las instrucciones generales para sus seguidores sobre cómo relacionarse con todos, especialmente con los de la familia de la fe. Es de esperar que nosotros, los de la familia de la fe, nos parezcamos cada vez más a Jesús, pero estamos lejos de ser perfectos, por lo que es necesario que haya pautas de comportamiento. Perdonar a los que nos ofenden es un mandato en el reino de Dios. Sin embargo, los límites de la confianza y la intimidad solo pueden determinarse buscando el discernimiento del Señor.

El grado de intimidad que tenemos con diferentes personas necesita ser examinado bajo la dirección de Jesús y sabemos que siempre podemos preguntarle. Las relaciones requieren cierto nivel de sometimiento, pero es Jesús quien sabe lo que es seguro. A lo largo de este libro, nos hemos referido al mandato de Pablo en Efesios 5:21: *"Sométanse unos a otros en el temor (la reverencia) de Cristo."* (NBLA). En algunas relaciones podemos responder más por temor al hombre que por reverencia a Cristo. Podemos estar mucho más preocupados por lo que otros puedan pensar o decir, que por buscar seguir las instrucciones de Jesús. El temor (o la reverencia) de Cristo no es un lugar de esclavitud para nuestras emociones, sino un lugar de profunda seguridad.

Para aquellos que vivieron una infancia disfuncional, ahora en la vida adulta, se les puede dificultar aprender a establecer límites correctos con las amistades. Toma tiempo aprender cuánto dar de uno mismo y cuánto reprimirse. Los que tienen antecedentes de rechazo pueden ser controlados por otros, debido a su propio miedo inconsciente al rechazo y a su deseo de complacer a quienes los rodean. Los que tienen antecedentes de traición encontrarán extremadamente difícil confiar en los demás y a veces, se les dificultará confiar incluso en Dios.

Dios no quiere que nosotros permitamos que otros nos pisoteen o nos controlen para cumplir sus propósitos. Jesús no permitió que la multitud lo controlara. Solo lo permitió cuando llegó la hora de presentarse como el único sacrificio perfecto para la humanidad. En el evangelio de Lucas leemos:

> *[Ellos] lo llevaron hasta la cumbre del monte… para despeñarlo. Pero él pasó por en medio de ellos, y se fue.*
>
> (Lucas 4:29-30, RVC)

Jesús vino a servir a la humanidad no a ser esclavizado por ella.

CUIDADO CON LAS TRAMPAS DEL ENEMIGO

El propósito del enemigo en nuestras vidas es ganar o retener alguna autoridad espiritual sobre nosotros, especialmente cuando somos seguidores de Jesucristo. Una de las formas que utiliza es atraernos a relaciones en las que quedamos atados o controlados por otra persona. Este control puede ser emocional, sexual o incluso a través del poder del ocultismo. Cuando nos sentimos desesperados es cuando somos más vulnerables, entonces podemos someternos a aquellos que, consciente o inconscientemente, caminan en la oscuridad.

El propósito del enemigo en nuestras vidas es ganar o retener alguna autoridad espiritual sobre nosotros.

Recuerdo a Rebecca. Ella había encontrado amigos en un grupo que practicaba una forma de brujería. Un día en el que se sentía desesperadamente sola, inocentemente entró en una tienda de Nueva Era. Después de varias visitas, por primera vez en su vida comenzó a sentirse aceptada por la gente que estaba ahí. Después de mucho tiempo con este grupo, conoció a unos cristianos y descubrió el amor de Jesús. Entonces fue consciente de la oscuridad del grupo de

Nueva Era del que había sido parte y se dio cuenta de la fuerza del poder oculto que había estado experimentando. Para ser liberada del control espiritual del grupo se requirió oración y determinación. El enemigo había usado la desesperación de Rebecca para atraparla, pero Dios respondió a su profundo deseo de él, liberándola.

Cuando las personas están desesperadas es cuando pueden extraviarse con mayor facilidad, si están buscando ayuda por algún problema, especialmente si es un problema de salud. La palabra de Dios nos anima a mantenernos alejados de las relaciones que están fuera del orden de Dios. Debemos cuidar en quién nos apoyamos cuando necesitamos ayuda. En 2 Corintios 6:14 Pablo advierte:

> *No se unan ustedes en un mismo yugo con los que no creen. Porque ¿qué tienen en común la justicia y la injusticia? ¿O cómo puede la luz ser compañera de la oscuridad?*
>
> (DHH)

A veces, la oscuridad puede ser bastante obvia, como en el caso de los curanderos y los que practican el ocultismo. Si nos sometemos a terapeutas que utilizan métodos de sanidad que invocan un poder curativo basado en el ocultismo, esta es una relación pecaminosa y podemos quedar espiritualmente atados. Es posible que sean personas bien intencionadas, pero terapias como la homeopatía, la hipnosis, la acupuntura, la reflexología y la iridología tienen una base en el ocultismo y pueden dejarnos atados a la persona bajo cuya autoridad hemos puesto nuestras vidas.

En otras ocasiones, la oscuridad es menos obvia. Las personas pueden tener un lugar legítimo de autoridad en nuestras vidas, pero si abusan de esta posición mediante palabras y actitudes pecaminosas, dominantes o destructivas, poco a poco nos convertimos en sus esclavos. Padres, cónyuges, maestros y médicos, etc. pueden brindar una excelente orientación. Sin embargo, si nos dejan con miedo por sus palabras o acciones, la autoridad correcta se contamina de control pecaminoso.

Incluso dentro del liderazgo de la iglesia puede existir control espiritual pecaminoso a través del legalismo, la autoridad manipuladora o incluso la falsa profecía. Si vemos que nos estamos volviendo demasiado dependientes o incluso temerosos con respecto a otra persona, es hora de llevar esa relación ante el Señor. Él quiere ser el único que dirija nuestras vidas. Por supuesto, esto puede involucrar a otras personas, pero nunca a través de la intimidación.

Recuerdo a una mujer que durante muchos años estuvo preocupada por una profecía fuerte y perturbadora que un profeta pronunció sobre su vida cuando ella todavía era una cristiana joven en la fe. Descubrimos que el profeta no había actuado según los mandamientos bíblicos y que tampoco recibió la ayuda apropiada de su pastor. Cuando ella decidió perdonar al profeta y al liderazgo de la iglesia, luego fue liberada de la atadura con este hombre y del control de sus palabras. Al final, experimentó una profunda sensación de libertad y pudo seguir adelante en su camino con el Señor.

La Biblia nos advierte que debemos tener cuidado porque vivimos en un mundo caído:

> *Por tanto, ¡cuidado con su manera de vivir! No vivan ya como necios, sino como sabios. Aprovechen bien el tiempo, porque los días son malos.*
>
> (Efesios 5:15-16, RVC)

Sin embargo, caminar con cuidado en nuestras relaciones con los demás no tiene que ser motivo de ansiedad. En cualquier momento, podemos preguntarle a nuestro Padre Celestial qué es correcto para nosotros. A él le encanta dar sabiduría a quienes la buscan.

CONFESIÓN Y PERDÓN

Algunas relaciones saldrán mal. Nosotros mismos vamos a cometer errores y los demás no siempre se relacionarán con nosotros de manera correcta. Recientemente, mi esposa y yo ingenuamente aceptamos una oferta de vacaciones gratis, lo que resultó ser una estrategia comercial para vender tiempo compartido. Mientras escuchábamos la presentación de la vendedora, aparentemente sin ningún compromiso, fue evidente para ella que no éramos los posibles ricos compradores que esperaba. Su actitud controladora se aceleró y sus palabras se convirtieron en maldiciones apenas disimuladas. Estábamos completamente atrapados y luego Dios claramente nos mostró que no debimos haber aceptado la invitación. Por lo que tuvimos que pedirle al Señor que cortara las ataduras que se establecieron por el control pecaminoso que habíamos permitido que esta mujer y sus colegas tuvieran sobre nosotros. Esta experiencia fue un gran aprendizaje.

Afortunadamente, a través de la confesión de pecados y del perdón podemos presentarlos diariamente ante el Señor y así caminar en libertad. Buscar el punto de vista de Dios en todas las situaciones, estar de acuerdo con él y apartarnos de lo que está mal, debe ser una forma de vida, junto con nuestra disposición diaria de perdonar.

CONCLUSIÓN

No existe ninguna técnica para apropiarse de la asombrosa libertad que Jesús ha puesto a disposición de la humanidad por medio de su sacrificio en la cruz. Sin embargo, Dios en su palabra nos ha dejado principios fundamentados para tener una relación de amor en la que él es nuestra autoridad. Aplicar estos principios puede cambiar radicalmente todos los aspectos de nuestra vida. Jesús se refiere al gobierno de Satanás como *la oscuridad* y a su reino lo llama *la luz*.

Nuestras vidas han estado llenas de buenas y malas relaciones. Las malas relaciones que están en contra de los mandamientos de Dios han dejado lugares de oscuridad espiritual y esclavitud dentro de nosotros. Cuando exponemos estas relaciones a la luz, por medio de la confesión, el arrepentimiento y el perdón, tenemos la maravillosa oportunidad de ser liberados de todo lo que nos ha mantenido atados por los lazos pecaminosos del alma. Dios quiere liberarnos de cada yugo de esclavitud que tiene un control pecaminoso sobre nosotros y que permanezcamos en libertad, pero tenemos que hacer nuestra parte:

> *"Cristo nos libertó para que vivamos en libertad. Por lo tanto, manténganse firmes y no se sometan nuevamente al yugo de esclavitud."*
>
> (Gálatas 5:1, NVI)

En el caso de la mujer atrapada en la oscuridad del adulterio (Juan, capítulo 8), Jesús haciendo uso de su autoridad suprema, desarmó al enemigo que la estaba condenando. Con una sola palabra la liberó del cautiverio y del castigo. Las palabras más hermosas que esta mujer pudo haber escuchado fue cuando Jesús le dijo: *"Vete, y no vuelvas a pecar"*.

¿Qué relaciones, del presente o del pasado, te está mostrando Dios que necesitas llevar ante su luz, para que él te desate de todo aquello que te tira y te aleja de él?

Sobre el Autor

David Cross era el Subdirector Internacional de Ellel Ministries y el Director Regional de Ellel Ministries para Europa Occidental.

En 1969, David se graduó como ingeniero civil de la Universidad de Nottingham. Tuvo una carrera laboral muy variada, que incluyó la construcción de carreteras y puentes en las Tierras Altas de Escocia. A principios de la década de 1980, supervisó la construcción de un nuevo desarrollo urbano en el área de los Nuevos Territorios de Hong Kong. Fue ahí donde entregó su vida a Jesús, lo cual produjo un gran cambio personal y de dirección en su vida.

Al regresar a Escocia en 1984, David se volvió muy activo en la vida de la iglesia y dirigió recorridos de esquí en las montañas Cairngorm. Como anciano de la Iglesia de Escocia buscó promover el ministerio cristiano de sanidad en las Tierras Altas. Junto a otros miembros de la iglesia local se pusieron en contacto con Ellel Ministries en la sede principal de Ellel Grange, cerca de Lancaster, Inglaterra.

David y su esposa Denise, tienen tres hijos y ocho nietos que brindan mucha alegría en medio de vidas muy ocupadas. Además de la emoción de compartir la verdad de Dios a través de la enseñanza y la escritura, a David le encanta caminar y la fotografía. Las explicaciones de David sobre la palabra de Dios dan entendimiento y sanidad a muchos que están confundidos y dañados por las ideologías impías del mundo de hoy.

David ha escrito ocho libros en inglés: *Soul-Ties, God's Covering, Trapped by Control, The Dangers of Alternative Ways of Healing* (con John Berry), *the A-Z Guide to the Healing Ministry, What's Wrong with Human Rights?, Tweet-sized Thoughts About God-Sized Issues* y *God's Way Out of Depression.*

Acerca de Ellel Ministries International

NUESTRA VISIÓN

Ellel Ministries es una organización misionera cristiana sin denominación, con la visión de proporcionar recursos y equipar a la iglesia al dar la bienvenida a las personas, enseñarles sobre el reino de Dios y sanar a los necesitados (Lucas 9:11).

NUESTRA MISIÓN

Nuestra misión es cumplir la anterior visión en todo el mundo, mientras Dios abre puertas, de acuerdo con la gran comisión de Jesús y el llamado de la iglesia a anunciar el reino de Dios predicando la Buena Nueva, sanando a los quebrantados de corazón y liberando a los cautivos. Por lo tanto, estamos comprometidos con la evangelización, la sanidad, la liberación, el discipulado y la capacitación. Las citas bíblicas en las que se basa nuestra misión son Isaías 61:1–7; Mateo 28:18-20; Lucas 9:1-2; 9:11; Efesios 4:12; 2 Timoteo 2: 2.

NUESTRA BASE DE FE

Dios es una trinidad. Dios el Padre ama a todas las personas. Dios el Hijo, Jesucristo, es Salvador y Sanador, Señor y Rey. Dios el

Espíritu Santo habita en los cristianos e imparte el poder dinámico por el cual están capacitados para continuar el ministerio de Cristo. La Biblia es la autoridad divinamente inspirada en asuntos de fe, doctrina y conducta, y es la base para la enseñanza.

Para obtener más información sobre el trabajo mundial de Ellel Ministries International, visite nuestro sitio web en:

ellel.org

O escríbanos a:

Ellel Ministries Internacional

Ellel Grange

Ellel Ministries

Bay Horse

Lancaster, LA2 0HN

Reino Unido

Sobre Ellel Ministries USA

Quiénes somos y qué hacemos...

Ellel Ministries es un ministerio cristiano sin denominación que comenzó en Inglaterra en 1986 y ahora está establecido en más de 35 países alrededor del mundo. Buscamos servir al cuerpo de Cristo especialmente de dos maneras: primero, ofreciendo oración person- alizada a aquellos que necesitan sanidad y restauración; y segundo, capacitando y equipando a las personas para que puedan ayudar a otros de la misma manera. Buscamos llevar el corazón de Dios al corazón del hombre para que la verdadera transformación sea una realidad, las personas sean discipuladas y su relación con Jesús se profundice.

Ellel Ministries se estableció en los Estados Unidos en el 2005, en una antigua granja de fresas de 140 acres. La visión de Ellel USA incluye la construcción de un centro residencial de formación y ministración que servirá como sede para el trabajo en el país y como centro para alcanzar América Latina y el Caribe. Actualmente, Ellel USA ofrece eventos de capacitación y ministración en su centro en Florida y a través de visitas a iglesias y conferencias en otras re- giones. Si tiene preguntas sobre Ellel USA, envíenos un correo electrónico a info.usa@ellel.org o llámenos al +1(813)737-4848.

¿Cuál es nuestra definición de sanidad?

Nuestra definición de sanidad es simple. Creemos que la sanidad es la obra sobrenatural de Dios, de poner orden en la vida de una persona donde antes había desorden. Incluye mirar la raíz de los problemas que pueden ser la causa de las dificultades de una persona y tratar con cualquier falta de perdón, pecado, herida o derecho del enemigo. A medida que ayudamos a las personas a hacer su trabajo con Dios al perdonar, arrepentirse y tomar decisiones según la vo- luntad de Dios, oramos para que el Señor les dé su sanidad. En resumen, es el tipo de discipulado que Jesús hacía en los Evangelios.

Publicaciones en Español

Este libro es el asombroso testimonio de cómo Dios puede usar a cualquier persona en una situación imposible. ¡Es la extraordinaria historia de una mujer extraordinaria!

Beatriz Benestad enfrentó artritis reumatoide paralizante cuando era niña y tuvo que someterse a decenas de operaciones, pero no dejó que su discapacidad destruyera su visión. En su vida practicó la medicina y sirve al Señor.

Después de haber obtenido el título de médica y psiquiatra, sufrió un terrible accidente en el trabajo que la dejó en silla de ruedas. Sin embargo, incluso eso no empañó su visión de servir al Señor como misionera. Su viaje de fe y asombrosa confianza en Dios la llevó a convertirse en misionera en Colombia, Suramérica, donde lideró el trabajo de Ellel Ministries.

La respuesta de Beatriz al llamado del Señor y el sello inconfundible de Dios en cada etapa de su vida, lo desafiarán y alentarán. Ella comparte cómo avanza en su camino de servicio misionero, a pesar de que está lleno de dificultades prácticas.

Para algunos, el milagro no llega de la noche a la mañana. Para Beatriz, el verdadero milagro es la vida misma y la peregrinación en que se encuentra. Ella dice: "Es fácil olvidar que, si la oscuridad no existiera, no podría regocijarme por la luz".

El perdón es clave para restaurar nuestra relación con Dios y para sanarnos de las consecuencias de las relaciones humanas hirientes y dañinas.

Desde la Cruz, Jesús oró estas dramáticas palabras a Dios: "Padre, perdónalos, porque no saben lo que hacen". ¡Aprender a orar esta poderosa oración es el comienzo de la aventura de toda una vida con Dios! Este libro es uno de los más destacados y concisos disponibles sobre el tema del perdón.

HTTPS://US.STORE.ELLEL.ORG/